智元微库
OPEN MIND

成长也是一种美好

镜子教练◎著

新质增长

OKR本土实战手册

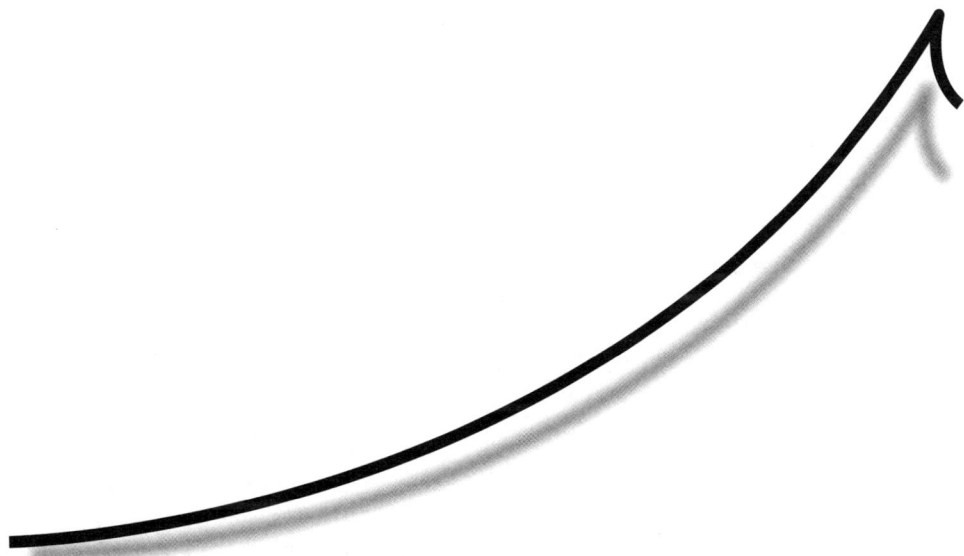

人民邮电出版社
北京

图书在版编目（CIP）数据

新质增长 ：OKR 本土实战手册 / 镜子教练著 .
北京 ： 人民邮电出版社， 2025. -- ISBN 978-7-115
-65695-7

Ⅰ . F272

中国国家版本馆 CIP 数据核字第 2024F5J709 号

◆　　　 著　镜子教练
　　责任编辑　王铎霖
　　责任印制　周昇亮

◆人民邮电出版社出版发行　　　北京市丰台区成寿寺路 11 号
　　邮编 100164　　电子邮件 315@ptpress.com.cn
　　网址 https://www.ptpress.com.cn
　　天津千鹤文化传播有限公司印刷

◆开本：720×960　1/16
　　印张：15.5　　　　　　　　　　2025 年 4 月第 1 版
　　字数：194 千字　　　　　　　2025 年 4 月天津第 1 次印刷

定　价：59.80 元

读者服务热线：（010）67630125　印装质量热线：（010）81055316
反盗版热线：（010）81055315

赞誉

这是一本非常具有价值导向和战略思维的 OKR 实战书籍。在心智资本制胜的时代，企业如何充分激活团队，释放团队潜能，以高效创新拥抱产业升级？本书给出了思考和答案。它启发企业领导者拓展全局视野，从战略落地到战略执行的每个环节，始终聚焦价值，减少团队成员的"内耗"，使努力更具意义。

同时，本书还提供了大量本土企业的实践案例，将实践中的真实卡点融入教练式对话中，直击本质，令团队领导者豁然开朗。通过在每个工作细节中促进转化，本书将加速撬动团队进化甚至企业的管理升级，具有很强的实战转化性，对企业培养创新型领导者具有重要意义。

——秦　昕

中山大学管理学院教授、博士生导师、副院长

本书的卓越之处在于，它把企业最关心、能实实在在落地的问题都讲透了。它就像一把手术刀，将 OKR 从落地到见效的全过程逐层剖析，使读者能够明晰如何运用 OKR 激发战略、业务、组织的活力，并调动员工的积极性。

书中重点探讨了敏捷执行和成果激励这两个困扰众多企业的难题，通过实践案例进行说明，避免了空泛的理论阐述。它直接揭示了问题的根源，并提供了切实可行的解决方案，使读者能够透彻理解。

本书包含了许多实用工具。企业领导者运用这些工具，就能像照镜子一样清楚地识别自身的问题，并迅速找到解决之道，操作简便易行。

当今企业急于激发团队的潜力，而 OKR 是一个非常有效的方法。本书正是传授如何用好 OKR 的指南。掌握这些方法后，企业领导者的思维将更加灵活，投入的时间和精力必定会带来丰厚回报！

——杜慕群

粤港澳大湾区产融资产管理有限公司董事长

中山大学管理学院客座教授

这是一本指导 OKR 如何在企业成功落地的实战书籍。镜子教练长期专注于 OKR 的推广与实践，在企业的辅导过程中，通过不断迭代总结了诸多实用的工具和方法，从而加速了团队的进化。相信本书的读者在阅读到书中的细节时，一定会眼前一亮，茅塞顿开。

书中总结了 OKR 在本土企业的优秀实战成果，让我们看到 OKR 不仅适用于互联网等高科技行业，还在传统行业和新兴领域中成绩斐然，硕果累累。

——叶桥春

谷歌前中国区域高管

在这个大变局的时代，企业的生存与发展充满不确定性，必须积极拥抱未来的变革与创新。镜子教练提供了一套完整的方法论和企业落地实践，帮助我们用好 OKR 工具，推动企业在面对行业挑战和趋势时达成对未来发展的共识，并将其凝聚到战略突破的行动中，值得每个正处于转型变革阶段的企业认真学习。

——滕 飞

传化集团战略发展部总经理

我深刻体会到《新质增长：OKR 本土实战手册》在创新性战略项目中的重要价值。OKR 帮助我们明确了方向，激发了团队活力，促进了跨部门协作，提升了工作透明度和责任感。通过灵活的目标设定和持续的追踪执行，我们能够快速适应变化，及时调整策略，进而确保项目的顺利推进。本书不仅提供了实用的框架和工具，更为我们的乡村振兴探索实践提供了有力指导。我向所有希望实现战略目标的团队推荐这本书。

——陈 科

传化农业乡村公司总经理

我研读过很多关于 OKR 的文章，非常欣赏 OKR 的理念。但对于 OKR 具体如何落地，我之前没有清晰的概念。镜子教练陪伴我们团队建成并实施了 OKR 体系。在这一过程中，我发现"目标"是一个很深奥的概念。目标的作用是什么？如何设置目标？如何拆解目标？如何达成目标？这些问题都涉及非常关键的技能。运用 OKR 来管理团队，是一种极为有效的方法！

——徐嘉鹏

田十精材创始人

苏格拉底的追问与 OKR 的探索之旅

在古希腊的街头巷尾，苏格拉底总是以其独树一帜的追问之法，引领众人穿透习以为常的观念迷雾，深入思想的幽微深处。他就像一位智慧的思想助产士，不断地提问、剖析，促使人们从混沌的认知中走向明晰。

有一次，苏格拉底与一位自认为对"勇敢"有着清晰定义的年轻人展开了对话。这位年轻人起初自信满满地宣称，勇敢就是在战场上不退缩。苏格拉底却不疾不徐地追问："那么，如果一个士兵只是盲目地冲锋，而不思考战略和后果，这也是勇敢吗？如果一个人在面对不正义的战争时依然不退缩，这算是勇敢还是鲁莽呢？"随着苏格拉底层层递进的追问，年轻人开始陷入沉思，原本看似坚固的定义逐渐瓦解，于是两人一同踏上了对"勇敢"更深入、更全面的探索之旅。在这个过程中，苏格拉底并没有直接给出答案，而是通过巧妙的提问，引导年轻人自己去发现，从而激发他内心深处对真理与解决方案的追求。

这种苏格拉底式的追问法，恰似在企业管理领域引入 OKR（Objectives and Key Results，目标与关键成果法）时所需要的探索精神。企业在传统管理模式的惯性下，对于目标的设定和达成往往有着既定的认知和做法。然而，OKR 的出现，特别是 OKR 教练的作用，犹如苏格拉底的追问，使企业重新审视以下几个方面：我们所设定的目标在清晰度、挑战性及长远意义上达到了怎样的程度？我们的组织在多大程度上对目标达成了价值共识、清晰聚焦、协同对齐？如果以 1 到 10 分来评价我们落地实施方法的有效性，我们会打几分？我们的领导者的能力在多大程度上能够高效达成目标？

在变革时代，组织正面临前所未有的大变局，管理模式与方法不断遭遇新的挑战与变革，组织形态也因此而演化。OKR 作为一种目标管理的创新理念与工具，正逐渐在全球范围内得到广泛应用与认可，并在国内企业界备受瞩目与推崇。然而，在不同组织中 OKR 的实际落地效果却大不相同。

镜子教练的《新质增长：OKR 本土实战手册》，从提升认知、有效落地、加速进化三个层面，为读者带来了多维的认知与思考、理念与模型、练习与行动计划，相信能够为读者真正理解并应用 OKR 提供切实有效的价值。

作为读者，我看到本书的几大特点或亮点：

1. 引人入胜的递进式探索体验

这本书包括三大部分。

（1）提升认知：解答了关于 OKR 的基础问题，并提醒站在时代路口的领导者认识到团队进化的重要性。

（2）有效落地：为战略落地中有效的 OKR 目标共创、敏捷管理、定期复盘及成果激励提供了具体的操作指引。

（3）加速进化：阐释了领导者如何通过自我觉察成长为激发式的领导者，并在 OKR 教练的帮助下，加速团队的进化过程。

2. 本土 OKR 实战宝库

本书紧密结合本土企业的文化背景与实际情况，为 OKR 在国内的落地生根提供了切实可行的方法与策略。我们深知，任何一种先进的管理理念要在本土取得成功，都必须与本土的文化、价值观及企业管理习惯相融合。镜子教练深刻洞察这一点，在书中详细分析了本土企业在推行 OKR 过程中可能遇到的各种挑战，并逐一给出了针对性极强的解决方案。通过大量本土企业的实际案例，读者可以清晰地看到 OKR 如何在不同行业和规模的企业中成功应用。这些案例犹如一面镜子，让读者能够对照自身企业的情况，借鉴经验，少走弯路。

3. 深层次的教练思维

镜子教练是埃里克森认证教练，在本书中体现了她融会贯通的教练思维以及国际教练大师玛丽莲·阿特金森的一些理念。她通过提出优质问题引发读者思考，通过讲述故事来连接潜意识、唤起沉睡的智慧，并通过不评判的中正状态抱持读者，让他们找到自己的 OKR 解决方案与持续进化的道路。

镜子教练写道："形式上的 OKR 落地不是终点，真正发挥 OKR 的价值、完成组织进化才是目的！"

4. 清晰且高效的内容结构

同时，这本书的每一章都具有非常清晰的结构，包括章首故事、理论框架、实践案例以及本节练习与行动计划。

阅读每一章都像是进行了一场团队教练对话。镜子教练邀请了各个行业的 OKR 践行者与读者一起探索 OKR 的本土化实战之旅，引导读者从隐喻故事开始，激起好奇心与觉察力、连接潜意识；接着深入理论框架的探索与共同学习；再通过实践案例的分享实现相互启发；最后落实到基于问题的思考与行动。

只要读者抱持开放的心态，跟随本书的意识流动，一定会收获满满。

当收到镜子教练的消息，邀请我为本书撰写推荐序时，她的初心和对教练事业的热情深深打动了我。她希望"通过 OKR 教练事业帮助本土企业实现管理升级，进而让无数职场人摆脱传统管理的枷锁，消除内心的苦恼，能够平等快乐地工作，体现自身价值，提升人生的幸福感"。

自 2018 年起，镜子教练便投身于 OKR 教练事业，而埃里克森教练体系伴随着她的成长旅程，令她不断坚定使命，整合潜意识，开启知行合一的行动。

然而，推荐序对我来说是一件非常慎重的事情，我要保证为读者负责。于是，在开始读这本书之前，我问了自己几个教练式的问题，并通过自我教练的方式，从读者和推荐人的角度得到了答案。我也将这些答案作为读书的标准，认真地进行了阅读。

Q1：如果我是一个还不了解 OKR 的读者，想系统化地了解 OKR，那么这本书能为我带来哪些期待的收获？

能让我理解 OKR 在组织中可能产生的效果，以及如何实施落地，有行之有效的方法作为指导，并能够规避潜在的陷阱。当我遇到问题与挑战时，可以从何处获得支持与资源。

Q2：如果我已经在做 OKR 了，但效果不佳，希望调整和提高，我期待这本书能带来的收获是什么？

能够为我提供多个其他企业的实践案例，让我了解它们是如何操作的，帮助我从中获得启发，进而支持我在实操层面采用更有针对性的方法来定向调整。

Q3：如果我是一位企业高管，想在我的企业推行 OKR，我期待这本书能带来的收获是什么？

能够让我放心，相信 OKR 不是伪命题。能够让我理解可行的方法，通过赋能个人和组织，遵循章法并设定明确目标，打造高动能、高绩效的团队。也能够让我的团队掌握通过 OKR 实现卓越的理念与方法。

Q4：如果我是一名教练，想将 OKR 应用于我的客户支持工作中，那么这本书能为我带来哪些期待的收获？

能够为我提供多种思维框架与工具，让我可以根据不同客户的需求量身定制解决方案，在面对各种客户场景时，快速找到并设计好解决方案，真正做到"稳、准、狠"地支持客户。

我们常说烘焙是一门魔法师的艺术，有时 OKR 教练就像是烘焙师，运用不同的工具在最恰当的时间向面团（团队）加入最精准的材料，从而让魔法发生。

Q5：如果我受邀撰写本书的推荐序，那么推荐序达到何种效果才算是成功的？

作为推荐序的作者，我将以孩子般的好奇心来探索这本新书，带着全然的相信与爱，支持读者与作者镜子教练。

把我之所见呈现给读者，作为一种独特的视角，也许会带来启发，也许会让一些读者在看了推荐序之后产生兴趣，继续翻阅并一口气读完。在合上书页的那一刻，他们将领略到淋漓尽致的畅快。对我来说，这个愿景画面就是推荐序的成功。

带着这些期待读完整本书，我深刻体会到作者背后的那份初心，那份 OKR 专家的专业态度以及那份教练的抱持。从不同角色的角度出发，我对这本书的期待都被完全满足了。

无论是企业的第一负责人、高层管理者，还是中层团队负责人，抑或是对 OKR 感兴趣的伙伴，以及支持企业及个人发展的教练，都能从《新质增长：OKR 本土实战手册》中获得丰富的知识与深刻的启示。它将帮助你系统地了解OKR，掌握其在本土企业中的实战应用技巧，从而提升企业的管理水平与竞争力，引领与支持企业在复杂多变的商业世界中稳健前行。

我衷心地推荐这本书，相信它将成为你书架上不可或缺的一本佳作，为你的企业管理与教练之旅开启一扇新的大门。

李耀兴

埃里克森国际教练中心中国及亚太区董事总经理

前奔驰高管

ICF 国际教练联盟认证专业级教练（PCC）

ICF 国际教练联盟认证专业级团队教练（ACTC）

落地不是终点，进化才是目的

你很认同 OKR 的价值，也带领团队实践了一段时间，但效果却不太理想，可能是以下哪种情况呢？

A. 扒书党。全员扒书，仅从形式上模仿 OKR 目标，但在思想和格局上却难以统一，写出来的 OKR 目标五花八门，且质量很差。

B. 运动派。公司一把手发起 OKR 变革，公司上下开展地毯式的 OKR 运动。运动派开局很热闹，但很快团队热情开始冷却，全靠人力资源（Human Resources，HR）"催作业"，团队基本不买账。

C. 结果派。能够持续实践 OKR，取得突破性的业务成果，团队会获得一定的成就感。但结果派的领导风格没有本质变化，团队成员经常感到"心很累"，希望与失望并存。

D. 进化派。领导者通过 OKR 落地的实践，完成自身的内在进化，以全新的方式激发团队，令团队自内而外焕发鲜活的创造力，爆发持续高涨的团队激情。进化派的团队持续创造一个又一个的奇迹。

以上四种情况，哪种更接近 OKR 应用的理想效果呢？无疑是 D 选项，因为团队借助 OKR，完成了"由心而发"的内在进化。那么，前三种做法的问题出在哪里呢？

相比前两种停留在概念上的低质量扒书和流于形式的无效运动，"结果派"的 OKR 实践与业务实战相结合，收获了实实在在的业务成果，好像很不错；但结果派的领导者只盯结果，其强管控风格导致团队被外部压力榨干，内在能量消耗殆尽，内卷[①] 情况日趋严重。

相比之下，"进化派"由心而发，呈现出全然不同的效果。他们不仅超越了形式的束缚，进化派的团队领导者自身还完成了内在的蜕变，在激发小伙伴上发挥出卓越的领导力。团队的内在智慧被点亮，爆发持续的内在能量。这样的团队在面对未来的不确定性和持续的挑战时，能够持续地自我驱动、不断突破、勇于面对未知的挑战。

假如切换到企业领导人的视角，哪种更符合他的初衷呢？你会发现，无论 OKR 形式上的落地，还是支持团队一时的业绩达成，都无法真正满足领导人内心对 OKR 的期待。企业领导人真正关心的是，如何面对未知，实现突破和可持续的业绩增长。他期待用 OKR 帮助提升团队自驱力和自主运转能力，让团队在探索中更加精准地聚焦、高效地执行和敏捷地反应，开发出团队内在的心智生产力[②]。这样，企业内部才会涌现出更多创新，实现外在的新质生产力[③]的提升，并在时代的挑战下获得持续成功。OKR 可以作为突破行业课题的利器，为企业带来巨大价值。

因此，形式上的 OKR 落地不是终点，真正发挥 OKR 的价值、完成组织进化才是目的！

[①] 网络流行词，现指同行、同事间被迫参与内部竞争，争夺有限资源，从而导致"收益努力比"下降的现象，可以看作努力的"通货膨胀"。

[②] 心智生产力是指个体在思考、学习、创造和解决问题等方面的能力和效率。它涉及认知、情感、动机和行为等多个方面，是个体在知识经济时代取得成功的关键因素之一。

[③] 新质生产力是相对于传统生产力而言的一种新型生产力形式。它是以科技创新为驱动，通过新技术的深化应用、新产业和新业态的快速涌现等，构建起新型社会生产关系和社会制度体系的生产力。

十余年本土实践，立体认知 OKR

为何有些团队无法发挥 OKR 真正的价值呢？因为粗浅的实践方式带来对 OKR 的片面认知。

《素问》有云："道者，圣人行之，愚者佩之。佩之者常一知半解，而行之者则渐悟至深。"在 OKR 半个世纪的辉煌历史中，无数企业运用这种轻而有效的方式，谱写出互联网时代与移动互联网时代的传奇。

自 2013 年 OKR 传入中国以来，以华为、字节跳动为代表的众多公司，在实战中一路践行 OKR。他们通过 OKR 激活了团队，完成了划时代的管理升级，创造了辉煌的传奇。至今，OKR 在国内的实战已历经十余年的沉淀，助力大量企业披荆斩棘、开拓新局，并结出丰硕的果实。例如：

- 传化集团乡村振兴项目团队在 OKR 的助力下，迅速锁定差异化定位，聚焦重点目标。半年内，招商运营步入正轨，获得政府、集团及企业界的高度评价，取得成果的速度之快令人惊叹。2024 年年底，该项目所打造的"谢径安·传化农创村"登上了"央视新闻"、《人民日报》等中央级媒体平台。截至 2024 年 10 月，传化农创村已引进 26 家企业，为三个村的村集体和村民创收 1370 万元，带动 300 多名村民就业，并帮助 14 户困难家庭每户年增收 3 万余元。农创村搭建的"科创＋农创"平台成果显著，不仅培育出含油量接近 50% 的双高宜机收油菜新种质，还成功转化了彩色油菜和多彩小番茄等科技新成果。"谢径安·传化农创村的实践抓住了科技创新和成果转化，形成了乡村特色产业，也让农业更好'牵手'新质生产力。"传化集团董事长徐冠巨说，"下一步，我们将加快推动科技创新，把谢径安·传化农创村打造成宜居宜业的和美乡村，进一步助力推进乡村全面振兴。"

- 传化国际科创园项目团队通过应用 OKR 工具，在短期内探索出地区产业园转型的创新运营模式，吸引海归青年们来小镇创业，获得集团认可。

- 蔷薇灵动在 OKR 的助力下，执行效能显著提升，在行业的爆发式增长中健康发展，一年内入选北京首批"专精特新"中小企业名单及一系列重要行业产品目录。

- 田十精材在持续的 OKR 辅导中硕果累累，一个季度内荣获多项行业大奖，一年后通过国家高新技术企业认证，并获得多家头部客户的订单。

- 某知名车企的智能化战略转型、某知名银行的综合化战略转型、某材料制造业全球隐形冠军企业的战略转型、某代工细分市场全球龙头企业的被迫转型、某知名电商公司的超级会员项目等，都在 OKR 的助力下，迅速扭转困局，实现突破。

诸如此类的各领域创新突破还在继续，它们必将为经济增长贡献更多的积极力量！

而在十余年的 OKR 实战中，我持续探索了战略、组织、教练、引导等领域，并完成了与 OKR 实践的融合。今时今日，我们对 OKR 的理解也早已超越了概念和流程的二维认知，变得更加立体鲜活。此处，我们可以通过四重结构重新定义更加立体的 OKR（见表 0-1）。

表 0-1　OKR 的四重定义

表层定义	OKR 是一套严密的思考框架和持续的纪律要求 [①]
内层定义	OKR 是激活团队的战略执行工具
密层定义	OKR 是促进团队向内探索、打破认知框架的工具
秘层定义	OKR 是促动团队自内而外转变、实现心智进化的工具

如果把 OKR 比喻为一颗新鲜多汁的水蜜桃，那么 OKR 的落地不再意味着填表格、交作业、开回顾会，而是要撕掉桃子皮、吃到蜜桃肉，即真正吃到战略成果，在业务上满载而归。此外，我们还需要在新的认知格局中做出更明智的决策，不断打破认知模式的局限，打破坚硬的桃核。我们甚至要超越对结果的执着，由心而发，彰显团队的内在智慧，去滋养内在柔软的桃仁。这样，我们才能拥有持续的内生能量，吃到更多鲜美的水蜜桃。

古希腊哲学家赫拉克利特有句名言："智慧不等于知识，智慧在于认识。"有效的 OKR 落地让我们得以更加完整、立体地认识我们所在的领域，认识我们所从事的工作，认识自我、他人和团队，从而令团队智慧得以升级。这就是团队所自带的内在"心智生产力"的源头！

激发人心，管理升级的体现

管理大师德鲁克曾告诫我们："当前社会不是一场技术的革命，也不是一场软件、速度的革命，而是一场观念上的革命。"在信息技术与人工智能科技浪潮的洗礼下，我们迈进了以团队智慧制胜的新时代。因此，我们的管理也需要升

[①] 保罗·R. 尼文和本·拉莫尔特在《OKR：源于英特尔和谷歌的目标管理利器》中，定义 OKR 为一套严密的思考框架和持续的纪律要求。

级，不仅要从关注事转为关注人，更迫切的是去激发人心。

正如华为创始人任正非先生强调的："如果不能民主地善待团体，充分发挥各路英雄的作用，我将一事无成。"我们对 OKR 落地的关注点，也从来不是 OKR 变革这项任务，而是其对人心的激发效果。

2022 年 5 月，谷歌升级了名为 GRAD（Googler Reviews and Development，谷歌员工评估与发展）的绩效评估体系，该举动在国内一度被误传为谷歌废除了 OKR。当时，我与谷歌前中国区域高管叶桥春先生及谷歌在职员工多次确认，这一升级的目的之一是将流程控制最小化，让人心激发最大化。具体举措包括：将评估周期从原来的半年延长至一年，强调管理者与员工的对话反馈需要即时发生。可见，在谷歌的 OKR 体系进化中，激发人心是大方向，因此更强调团队领导者的个人领导力。

在国内的情况如何呢？OKR 已助力众多创新公司和传统企业创新项目的成功。近年来，随着新质生产力发展方向的提出，许多传统企业也希望借助 OKR 完成转型升级。在这个过程中，领导者们又面临着怎样的困境呢？

我曾遇到一位对 OKR 应用非常自信的企业领导者，但其团队成员却在访谈中表示，OKR 不可能在本团队中发挥作用。是什么影响了大家的信心呢？在工作坊中，这位领导者找到了答案："是我平时要求太过严苛，让你们不敢提出想法。"可见，领导者自身也需要反思并转变领导模式，才能够让改变发生。

今天，团队的指挥官们仅凭借卓越的业务能力，已不足以真正获得公司的认可，他们还需要能够点亮团队的内在智慧、激发团队的内在动力，这就要求其提升激励人心的个人领导力。因此，团队领导者们也需要完成自身的角色升级，从一个管控者、指挥者，升级为团队的激发者。在激活团队的 OKR 循环中，保持觉察、不断反思，这些行为都将加速领导者自身的内在改变，进而撬动团队心智的不断进化。善于激发团队的领导者将以持续涌现的团队智慧，共创持续的业务成功！

"如果我们的 OKR 水土不服，怎么办？"

别急，我们已经有了自己的方法！过去十余年中，前有初代本土实践者们摸着石头过河；后有更多转型升级中的企业、高新技术公司、"专精特新"团队的踊跃加入，通过知行合一的 OKR 实践，收获令人惊叹的成果。无数本土企业的多年试错，集体验证，蹚出了一条适合本土企业的、轻而有效的 OKR 落地之路。我也在十余年的亲身实践中，对 OKR 本土变革智慧进行了提炼。

以上这些成果得益于一套多元智慧体系的强大支撑：OKR 之父——安迪·格鲁夫工程师式简单而美的思维方式、精准犀利的管理原则，构筑出本土 OKR 实战方法的底层框架。埃里克森教练强大的逻辑体系，让我始终坚持初心，并将成果导向、客户中心等精神贯彻到 OKR 教练实践中。在这套强大体系的支撑下，我多年的战略变革及客户辅导实践一再验证了 OKR 落地法的有效性。

"唉，老板可真是既要、又要、还要……"

公司实施了 OKR，然而员工的抱怨没有停止；又或者，大家虽然口号喊得响亮，但团队的自驱力并未得到提升。怎么回事呢？一个根本的原因在于，团队在转型与创新的道路上，常常看不清未来，或者无法在未来图景中准确找到自己的定位，这就会导致他们对实现战略缺乏信心。为了让 OKR 在本土公司的落地更加有效，我先提出两个小建议。

1. OKR 要轻轻落地

"OKR 千万别搞太重，成为我们的负担。"对管理者的心声，我无比认同。

"如果太重，那就不是 OKR 了，因为违背了 OKR 简单灵活的根本原则。"OKR 的最大特点就是轻而有效。做得太重，小伙伴们啃了一堆"桃子皮"才能吃到一口果肉，那就说明根本没有参透 OKR 的核心精神与思维精髓。我们不能因为对表面形式的过度管控，而阻碍对真正成果的追求。

2. OKR 要在人心上做功

那么，OKR 落地要如何做，才能真正激励人心？进而激发团队智慧，收获最大的成果呢？这是我们需要考虑的关键问题。我们需要在人心上做功，让新战略的火种扎根人心、点亮人心，并在精微之处撬动，方能起到事半功倍的效果。

正如一家知名车企的集团副总的评价："在智能化战略转型中，OKR 工作坊让大家看见了未来，大家才会更相信未来！"

传化集团战略发展部总经理滕飞则这样反馈："OKR 项目帮助创新团队消除了精神内耗[①]，让大家在探索中拼搏得更有意义、更有价值！给整个团队和组织管理带来非常大的效率提升和不同的感知度。"

在精微之处撬动小伙伴们内心的转变，是 OKR 发挥作用的关键！尤其在复杂的系统中，我们更要遵循大道至简的原则，运用鲜活的实战智慧，巧妙地融合各种技术，看清楚"往哪儿撬"，并精准地去"轻轻地撬"，才能够轻松玩转 OKR，发挥其应有的作用。为此，我有时会安排高管充当火炬手，以深入人心的方式，用战略转型或创新项目的火种点亮每位伙伴心中的意义感。而我则运用教练技术与引导技术，来护持整个空间，将 OKR 精神与战略、组织和人心融为一体，引导团队成员彼此点亮。

---

① 网络流行词，指人在自我控制中需要消耗心理资源。内耗的长期存在会让人感到疲惫，这种疲惫是由个体在心理方面损耗导致的。

那么，你打算如何开展 OKR 的实战过程，真正做到激励人心呢？

三套系统升级，吃到时代红利

如果你也在思考如何提升新质生产力，如何应对时代带来的种种挑战，那么你可以通过有效的 OKR 落地，来激活团队、达成业务与战略成果的目标，并不断打破团队原有认知模式的局限、点燃团队本自具足的内在智慧火种。

在 OKR 落地过程中，你需要特别关注三套组织系统的升级（思维上的软系统、机制上的硬系统和团队的心智系统），进而实现集体的管理升级，让管理不再复杂，让创新奇迹不断变为现实！如图 0-1 所示。

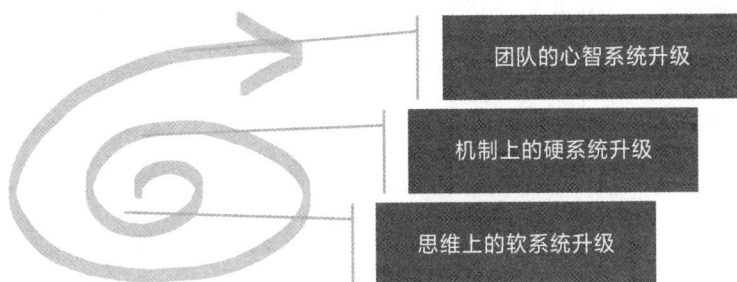

图 0-1 在 OKR 落地中实现管理升级

- **思维上的软系统升级**，即正确的 MOKR 思考框架与灵活的各层架构；
- **机制上的硬系统升级**，即轻便合理的 OKR 运作机制与成果导向的激励机制；
- **团队的心智系统升级**，即领导者的内在转变与团队内在智慧的进化。

阅读本书，可以作为你启动管理升级的第一步！希望助力你，吃到组织进化的时代红利与团队智慧的时代红利，提升团队内在的心智生长力与外在的新质生产力，完成划时代的伟大升级！

团队领导者们，还可以将本书作为 OKR 实战中反复翻阅查找的实操宝典，借助本书快速转化 OKR 应用的业务成果，实现自我领导力的升级，撬动整个团队的持续进化！

人力资源部，则可以为公司管理层配备本书，并匹配线下工作坊，快速赋能团队领导者们有效落地 OKR。让领导者们通过身体力行，建立起轻而有效的 OKR 落地机制，帮助企业完成关键时期的组织变革。

写在最后

还想跟你分享一点我对"持续践行 OKR"的感受：从事业角度，持续践行 OKR 能够赋能团队，收获持续成功的业绩成果，也能使领导者自身工作变得更加轻松有效。更重要的是，从人的角度，持续践行 OKR 可以让每位小伙伴更自由地发挥自己的天赋，显现出本自具足的内在智慧，而这必将极大提升团队成员的工作幸福感，进而为领导者本人带来内心的滋养与充盈的内在幸福感。当我们从做事回归到做真正的自己，我们就开始成为熠熠生辉的发光体，这才是对我们珍贵生命的最大照见！

不断认识自己、做回自己，是一段持续探索的旅程。在这最好的时代，让我们从这本书开始，一起体验成为自己、成为光的过程！

本书共有 8 章内容，划分为"提升认知""有效落地""加速进化"三大部分，以"激发人心"为原点，为你展开一幅知行合一的清晰地图。本书旨在帮助团队领导者们在正确认知 OKR 的基础上，有效开展 OKR 落地的每个环节，并在实践中提升自身知行合一的程度，加速个人领导力的升级与团队的进化。

为帮助团队领导者们掌握并领悟 OKR 落地的操作手法、实战身法和应用心法，书中加入了大量实操工具和真实的国内外企业 OKR 实战案例，还有小马这位最强"嘴替"[①]，来暴露实战中的关键卡点与困扰。一个小提示，在跟随镜子教练一路冲关打怪的同时，不妨找找看我铺设的四条线索。

- 明线，OKR 实战的时间线，让你看见从 OKR 导入到团队收获业务成果的全过程。

- 暗线，每个实战阶段中的典型问题线，指引你扎实地完成各阶段的升级打怪，在知行合一的实践中突破自我。

- 隐线，三套组织系统的升级线索，帮助你辨识团队在思维、机制及心智成长上的不同。

- 内隐线，内在智慧觉醒的线索，随着实践深入、不断向内探求，去体

---

① 网络流行词，指那些能够替自己表达心声，甚至表达得比自己还到位的人。

悟个人内在智慧的觉醒过程与群智涌现的团队进化过程。

为促进阅读成果的轻松转化，你可以在每节内容后，按指引完成本节练习，并记录你的学习收获。在最后一章的练习中，你将按照指引，完成全书阅读收获的系统整合，以有效指导你未来的 OKR 实践。你也可以在未来的持续实践中，根据遇到的实际问题反复翻阅此书，查找你在每节练习中整理的优化思路及行动计划，并不断更新。欢迎你通过微信视频号**赵镜子聊** OKR 或微信公众号 mirror **的镜观其变**，与镜子教练进一步交流。

现在，从哪里开始阅读呢？如果你认为自己现状更接近"扒书党"或"运动派"，建议你进入第 1 章关于 OKR 的 10 个快问快答，快速扫盲通关，再进入其余章节的阅读，开启知行合一的实践。如果你认为自己更接近"结果派"或"进化派"，则可以跳过第 1 章，直接进入第 2 章，开启你知行合一的 OKR 实践！现在，让我们向着共同的目标出发吧！

目录

第三部分　加速进化

PART 1

第一部分
提升认知

第 1 章

关于 OKR 的 10 个快问快答

并不是每一件算得出来的事，都有意义；也不是每一件有意义的事，都能够被算出来。

——爱因斯坦

很多人刚接触 OKR 时，心中充满疑惑，如同雾里看花般搞不清楚。其中一部分人在门口徘徊了一会儿，带着问号离开了；还有一部分人则扒着门缝往里瞥，自认为瞧明白了，嘴里嘀咕一句"都是噱头，跟 KPI 没啥两样"，于是带着过去经验的限制，也掉头离开了。这时，如果门口有位专业导引员来接引，也许会帮助大多数人穿透迷雾，顺利迈入 OKR 的大门。本章就是整本书的导引员，负责为大家解答以下 10 个常见问题，助大家拨开迷雾，开启正式的 OKR 实践之旅。

Q1：OKR 是什么？

OKR 的全称是目标与关键成果法，是在实践中沉淀出来的一种目标管理方法，由英特尔创始人安迪·格鲁夫创造，至今已有四十多年的历史。因传入谷歌、亚马逊等公司[1]，并缔造了一部部硅谷传奇，OKR 被广泛传播。随着国内外企业的 OKR 实践累积，我们对 OKR 有以下四层由浅及深的定义。

第一层，OKR 是一套严密的思考框架和持续的纪律要求。OKR 旨在确保员工紧密协作，把精力聚焦在能促进组织成长的、可衡量的贡献上。其中，严

---

[1] 《OKR：源于英特尔和谷歌的目标管理利器》和《这就是 OKR：让谷歌、亚马逊实现爆炸性增长的工作法》对英特尔、谷歌等硅谷公司的 OKR 实践均有记载。

密的思考框架指的就是使命目标与关键成果（Mission Objectives and Key Results，MOKR）的思维结构，它使人人都能从 M（Mission，使命）出发，找准自己的价值定位，并锁定正确的 O（Objectives，目标），以及那些可撬动目标达成的 KRs（Key Results，关键成果）。而持续的纪律要求指的是 OKR 推进的过程。

第二层，OKR 是激活团队的战略执行工具。实现总体战略目标是一切目标管理工具的最终目的，而激活团队则是 OKR 区别于其他目标管理方法的独特之处。

第三层，OKR 是促进团队向内探索、打破认知框架的工具。团队在有效实践 OKR 后，会产生更深层的领悟，进而从更高的纬度上收获成果。

第四层，OKR 是促动团队自内而外转变、实现心智进化的工具。持续践行 OKR 的团队，内在将更加坚定、开放与包容。团队成员不再是由任务驱动的机器，而是心与心联结的高能量智慧群体，他们将由心而发开启团队的进化之路。

践行 OKR 的道路，需要团队理性与感性的结合，也是开启团队觉性与悟性的旅程。我们将在本书中呈现各环节的有效实操方法与落地建议。

Q2：OKR 与 KPI、MBO 之间有什么关系？

目标管理（Management by Objectives，MBO）在 20 世纪 50 年代由彼得·德鲁克提出，其目的是通过上下各层的目标管理，激发团队的潜能，最终实现企业的总体目标。

关键绩效指标（Key Performance Indicator，KPI）与 OKR 都是 MBO 大家族中的一员，是 MBO 在不同环境下的实践方法。

KPI 是适用于确定环境下的目标管理方法，它通过加减乘除的方式对固定目标进行分解与组合，以达成总体目标。

OKR 则是适用于不确定环境下的目标管理方法，与 KPI 一样，它的最终目的也是达成公司的总体战略目标。二者的根本性区别在于，OKR 采用激活团队的方法来实现战略目标。在不确定环境下，OKR 更强调聚焦于公司未来的总体方向，群策群力找到突破性的方法，以实现战略目标；它重视寻找杠杆解以及在资源有限的情况下实现更紧密的团队协作，进而实现指数级的突破。

OKR 与 KPI 最本质的区别是什么呢？KPI 强调管控，而 OKR 强调激发。这一区别基于二者截然不同的深层信念。KPI 的深层信念是人有惰性，需要被监督，而 OKR 则信奉团队潜能无限，需要被激发。

此外，OKR 与 KPI 在管理理念与目标管理过程方面也有所区别，请参考表1-1。

表 1-1　OKR 与 KPI 的区别

要素	分类	KPI	OKR
底层逻辑	• 管理风格 • 深层信念	• 管控 • 人有惰性，需要被监督	• 激发 • 团队潜能无限，需要被激发
管理理念	• 管理方式 • 目标数量 • 激励方式	• 精准的过程管控 • 7 ± 2 • 胡萝卜 + 大棒	• 引领方向 • 少即是多 • 激发内在动机
目标管理过程	• 目标设定 • 目标追踪 • 目标分解	• 容易讨价还价 • 按既定目标评价 • 紧耦合：自上而下	• 有追求和野心 • 高频敏捷的追踪和更新 • 松耦合：自上而下 + 自下而上

正如德鲁克所说，管理的本质，其实就是激发和释放每一个人的善意。管理者要做的是激发和释放人本身固有的潜能，创造价值，为他人谋福祉。OKR充分激活每个人，更贴近管理的本质。

Q3：谁适合应用 OKR？

OKR 适合任何正处于不确定环境下的组织及个人，以及任何需要主动探索的组织和个人。

随着近几年民企转型及产业升级浪潮的袭来，越来越多的制造业也开始拥抱 OKR。

随着行业转型、技术升级等外部因素带来的冲击，财务部门、行政部门、生产技术部门等也开始应用 OKR，重新锁定自己需要发挥的价值，更具创造性地开展工作。

如果你也正站在时代的路口，准备在不确定的世界中积极探索，那么请勇敢尝试并使用 OKR 开启你的新世界大门吧！

Q4：怎么判断我们是否需要 OKR ？

我们可以从时代发展对行业趋势的影响、企业所处的发展阶段以及团队状态的改变时机三方面来做判断。

- **时代发展对行业趋势的影响**：新的国际局势、国家政策、经济发展、社会变迁、消费习惯、新技术发展等因素，是否对行业产生了冲击？整个行业或行业生态是否正在发生重大变革，需要我们寻找新突破、进行更多创新、更加灵活地应对行业变化？

- **企业所处的发展阶段**：当企业进入新的发展阶段，如进入开拓市场阶段、快速增长阶段、开辟第二曲线①的转型阶段，需要在短时间内完成新阶段的跃升，寻找新的突破口，开拓全新的工作方式，不能再按部就班地工作。

- **团队状态的改变时机**：团队无法突破过去的工作模式，在思维方式、

---

① 第二曲线由英国管理思想大师查尔斯·汉迪提出，指企业通过引入新的业务、产品或模式来开启的第二次增长阶段。

协作方式和内在动力上需要改变与赋能；或者当前的管理机制不支持团队的创新，对团队主动性造成障碍，引起团队强烈不满。

根据以上三种情况，企业管理者应顺应时代发展、企业发展的需要，把握时机，引入 OKR 变革，完成管理升级，顺应社会发展的趋势。

Q5：公司引入 OKR 需要具备哪些前提条件？

公司引入 OKR 的前提条件是：有明确的使命、愿景和战略发展方向。

对于初创企业，这些问题可能没有明确落实在文字上，但管理层之间已有共识。他们心中有明确且坚定的阶段性方向，也是可以引入 OKR 的。

Q6：OKR 应用的理想效果是什么？

团队通过知行合一的实践，不断达成外在成果的同时，收获更珍贵的内在成果——唤醒团队的觉性与悟性。团队通过践行 MOKR 的思考框架及 OKR 持续的追踪机制，实现业务突破、达成战略成果；并通过定期对 OKR 实践的复盘，不断打破原有思维模式的局限，回归初心，发挥出本自具足的智慧。整个团队爆发出持续的能量，不断自我进化。

Q7：OKR 应用效果不理想的原因是什么？

只吸收知识而不理解本质，只注重形式而未深入实践，只关注外在结果而忽略内在探索。

Q8：OKR 在落地过程中，如何避开常见的坑？

OKR 在落地过程中，有六大常见错误，请参考表 1-2 的避坑指南。为了更好地避坑，公司高层、HR 和团队管理者需扮演好各自的角色：高层引领好方向；HR 建立起成果导向的管理机制，让贡献被看见；团队管理者排除干扰，聚焦重要方向，激发团队成员的内心能量；员工则需要群策群力，自主贡献。

表 1-2　OKR 落地避坑指南

指南	常见的坑	避坑大招
引领方向	• 屏蔽方向	• 宣导使命、愿景和战略 • 解读公司层级目标 • 反复沟通、促进理解与认同
聚焦战略优先	• 滥设目标	• 向上聚焦，体现战略优先 • O 不多于 5 个 • KRs 不多于 4 个
激发内在动机	• 依赖外部刺激	• 一定程度的自主权 • 即时反馈系统
有野心的目标	• 打分直接与考核挂钩	• 按整体贡献论功行赏 • 鼓励有野心的目标、更大的贡献
自主的创建过程	• 强压性目标	• 目标自下而上产生 • 60% 以上是员工自愿的 • 集体评议促进横向协作
灵活敏捷的追踪	• 疏于追踪	• 定期的正式回顾 • 运用工具进行每月 / 周 / 天的敏捷追踪

Q9：OKR 模式下如何激励？

在 OKR 模式下，我们需要物质激励与精神激励并重。

即时的精神激励需要频繁发生，领导者应时刻关注并去激发员工的真正内在动机。

物质激励则不能过于频繁，否则会极大削弱员工的主动性与创造性。我们需要保持物质激励与 OKR 成果导向的一致性，明确团队需要格外努力的方向，并在方法上与激励导向保持一致。如果我们希望员工跑马拉松，就绝不能按照起步速度来发糖。

Q10：管理尚不成熟的企业可以应用 OKR 吗？

答案是可以。谷歌在创业期 [①] 即非常不成熟的阶段就开始应用 OKR，并创造了奇迹。谷歌创始人之一的拉里·佩奇称 OKR 是创造奇迹的奥妙所在，它可以让好的想法得以实现。国内外也有很多创业团队用 OKR 做到更好地聚焦、更灵活地应变。对不成熟的团队，我们使用轻盈灵活的管理方式会更加适配。而且随着 OKR 实践越来越深入，我们也会培植更加自主、开放、有活力、创新的团队文化的土壤。

综上所述，如果你已认真阅读并了解了关于 OKR 的基本知识，那么请勇敢地开启你的实践吧！

---

① 拉里·佩奇在为《这就是 OKR：让谷歌、亚马逊实现爆炸性增长的工作法》一书撰写的推荐序中，曾提到谷歌与 OKR 结缘的过程。

第 2 章

把握团队升级的
啐啄之机

假如这个世界上有什么最重要的科学问题，那就是，这个世界是善良的，还是邪恶的？如果一个科学家相信这个世界是邪恶的，他就会终其一生发明武器，创造壁垒，发明那些把人隔得越来越远的东西；如果他相信这个世界是善良的，他就会终其一生创造连接，创造沟通，发明那些把人连得越来越紧密的东西。

——爱因斯坦

▶ 章首故事：要不要继续做 OKR

一天中午，团队领导者 KK 与镜子教练共进午餐。吞下两粒花生米后，KK 说出了心中的困惑。

"这半年，老板要求我们做 OKR，结果到现在团队也没什么变化，我都不想继续了。我们团队业务压力大，每天忙得四脚朝天，所以我不想花太多心思在这上面。不过我很纠结，我的确认为团队的自主性需要提高，至于怎么提高，还没找到更好的办法。像我们团队这种情况，还要不要继续做 OKR 呢？如果一定要做，怎么做才更有效呢？请镜子教练给点建议。"

也许你和这位领导者一样感到抓狂，在承受业务压力的同时，还要抽时间来应用 OKR。你是否也问过自己还要不要继续？虽然引入 OKR 是公司的要求，但对于当下你的团队来说，引入 OKR 意味着什么呢？你希望达到什么样的效果？带来什么样的改变呢？为此，你打算怎么做？

2.1 压力测试，把握机遇

就让我们从一个简单的团队压力测试开始，探索 OKR 对于团队的意义及理想的效果。请在表 2-1 中勾出符合你团队的情况。

表 2-1 团队压力测试

外部压力	内部压力
☐ 我们面临的外部环境很复杂、不确定性强	☐ 团队自主性弱，间歇性躺平 [①]
☐ 我们行业正在经历转型升级	☐ 突破很难，找不到路径
☐ 我们提供的产品、服务亟须创新突破	☐ 团队离开我，就玩不转
☐ 我们的业务挑战很大，担子也很重	☐ 年轻团队不好带，员工自我意识强
☐ 作为团队领导者，我有些忙不过来，已经很久没有好好休息了	☐ 团队成员对现状不满，满腹牢骚
☐ 业务变化太快，很难设定清晰目标	☐ 团队既冲业绩又控成本，迫切需要提升人均效益
☐ 团队需要提升思维和认知的格局，跟上时代步伐	☐ 管理成本太高，召开会议、走流程浪费精力

如果表 2-1 左右两列的选项都超过了 4 项，说明你领导的团队面临的外部压力和内部压力都比较大。作为团队领导者，你正面临着团队升级的啐啄之机！

什么叫作啐啄之机？你见过母鸡孵小鸡吗？当感觉时机已到，母鸡便从外面啄，小鸡则在里面啐，最后蛋壳破碎，一个新生命诞生。我们的团队也同样感受着来自内外的双重压力，需要把握好团队升级的啐啄之机。一旦时机到了，没有及时打破原有的蛋壳，这个新生命就会憋在狭小的空间里，因缺少新鲜空气而遗憾终止。

---

① 网络流行词，指不执着追求，放弃努力奋斗的状态。

KK："我们团队的内外压力都很大，既打不赢，又躺不平，确实需要做出改变。不过我很担心大家会不适应，他们已经习惯听指挥了，不是说变就能变的。"

镜子教练："既然这样，是什么让你依然想要改变呢？"

KK："时代不一样了。过去我们需要的是听话的员工和服从指挥的团队。可是现在外部环境复杂，行业变化太快，业务挑战也很大。我突然发现，团队缺少激情和自驱力，根本跑不动。"

发现这一点的团队领导者，可不只 KK 一人。传化集团战略发展部总经理滕飞发现，相较于一个个重复性指标，用具有引领感的 OKR 目标来管理创新性业务的效果更好。传化农业乡村公司总经理陈科说："对于创新业务而言，光靠负责人或部门领导一个人是不够的，很多事情他们也想不到；而使用 OKR 既能自上而下地抓重点，又能自下而上地激发动力，是对管理思路的一个非常好的支撑和补充。"

也许你的发现有些迟，但亡羊补牢，未为晚也。既然我们需要有激情、有生命力的团队，就得赶紧打破蛋壳，让大家好好透透气。

KK："大家已憋得太久了，怎样才能适应这股新鲜空气呢？"

镜子教练："这就需要我们给予更多的悉心关注，支持其更健康、舒展地成长。"

经过一番自我评估，KK 这位团队领导者终于开启了不一样的 OKR 实践。

那么，你所期待的团队是什么样的呢？不妨回到爱因斯坦的那个本质问题：你希望通过 OKR 实践为团队建立连接，还是制造隔阂呢？你希望为团队创造怎样的连接？这又会给你的团队带来怎样的改变？你会如何一步步架起连接的桥梁呢？请带着对这些问题的思考，开启你的团队升级之路吧！

2.2 团队应用 OKR 的成功画面

KK："做了 OKR 会有什么不一样？是否意味着要填更多的表格？"

当然不是！如果 OKR 是一颗鲜美的水蜜桃，你肯定想要吃到满口的美味果肉，而不是啃一嘴的桃子皮。因此，我们需要超越 OKR 的形式，助力团队吃到美味的业务成果，甚至还要打破思维模式的坚固外壳，激发代表团队鲜活智慧的桃仁。

镜子教练提醒： OKR 的应用，是感性与理性的结合，更是从行动走向悟性，与觉性层层深入的立体过程，如图 2-1 所示。

表层定义：
OKR是一套严密的思考框架和持续的纪律要求

内层定义：
OKR是激活团队的战略执行工具

密层定义：
OKR是促进团队向内探索、打破认知框架的工具

秘层定义：
OKR是促动团队自内而外转变、实现心智进化的工具

图 2-1 认知 OKR 的水蜜桃模型

团队应用 OKR 遇到的第一道坎，就是总停留在对形式的执着上。学习 OKR 精神、制定目标、召开 OKR 会议、团队复盘……这些看似正确的行为，如果仅仅停留在表面上，而没有触及真实业务与团队成员的内心，就如同展开

一场啃桃子皮大赛，不仅对收获成果没有帮助，还会引起员工们的强烈反感。

OKR 的核心精神有聚焦、协同、追踪、拉伸，我们不能只喊喊口号，而要与业务中的真实情境相结合，助力团队吃到鲜美的胜利果实。面对挑战，团队如何寻找路径？怎样回归本质，找到突破口？我们需要把 MOKR 的思考框架用于解决业务的具体课题上，并按照 OKR 的持续追踪机制有节奏地推进。这样，我们就可以在做事的层面上，取得突破性的进展与业务成果。想想看，当团队真正能够从全局出发，锁定最优路径，并且把有限的"炸弹"用来炸最关键的"碉堡"时，结果又会有何不同呢？知行合一的 OKR 实践会将我们的现在与未来相连，让我们站在未来看现在，在每个当下做出最高效的选择，从而能够真正收获丰盛成果，并胜利归来！

但是，仅停留在做事的层面还不够，小伙伴们因为受各自认知模式的局限，所以还会一再落入同样的困局而无法突破。如果一个人无法收获他认知以外的成果，同时内部结构也没有改变，就会在同一维度里团团转。因此，我们还需要在"人"本身上下功夫，从内部结构去照见盲点、突破认知模式的局限；从内心深处去发掘热爱，激发每个人本自具足的智慧能量。

让我们去看一看，是什么样的模式和信念限制了我们？如果我们可以突破限制，又会有何不同呢？当我们可以不断打破内在认知这个坚硬"桃核"，我们会看见什么？那时，我们会如何认识周围的事物及它们之间的关系？我们又会如何理解当下的矛盾？这些发现会为团队的决策带来怎样的不同呢？

当我们打破这层坚硬的桃核，并与柔软的桃仁相连时，又会发生些什么呢？我们会清晰地看见，是什么力量支撑着我们走到了这里。那时，我们对自己和世界的看法及我们与外部世界的关系都会得到刷新。我们也会重新带上内心的热爱，在每个当下做出不一样的选择。OKR 实践中的觉悟，让我们的内在世界与外在行为更好地融合，用智慧去应对每个当下的挑战，用热爱去驱动每个当下的行为，在践行使命的路上成为更合一的自己。

在图 2-2 中，我们看到了团队应用 OKR 的理想画面。如果每个当下都与未来相连、每个个体都与整体融为一体，那么为客户带来惊喜体验、达成令人惊喜的团队业绩目标、共同创造未来的战略奇迹，这一切便并不遥远！因为在这幅由心而发的画面中，团队面对的每个当下，都是理想照进现实；迈出的每一步，都是热爱化为行为！

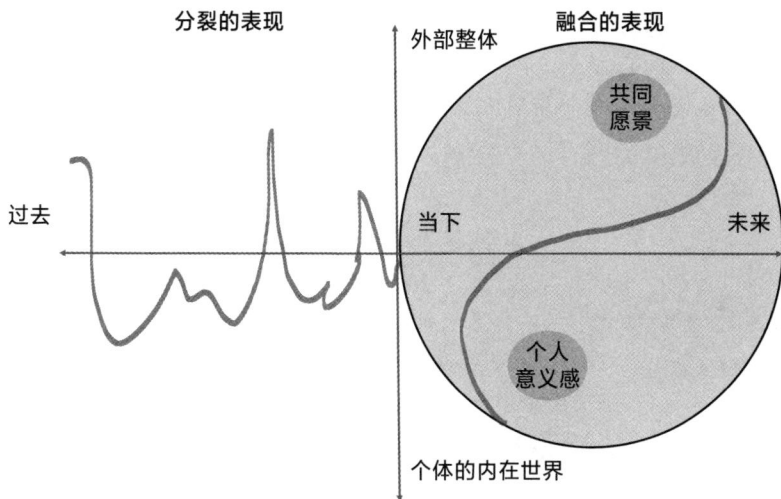

图 2-2　团队分裂与融合的表现对比图

2.3　如何实现团队应用 OKR 的成功画面

那么，团队领导者该怎么做，才能真正激发人心呢？一个总体的原则就是：聚焦于成果，专注于过程。

KK："说起来容易，做起来难。在挑战面前，我总感觉特别焦灼，最后眉毛胡子一把抓，该突破的，犹犹豫豫而没行动，不该做的，却鬼使神差地干了个遍！"

镜子教练："没错，所以为了不跑偏，我们得从当前的狭窄视角中跳出来，时刻保持对成果的聚焦，这样才能恢复当下与未来的连接。而静下心来，专注于每个过程，则让我们拥有定力，保持内在与外在的整合，真正由心而发，做出当下的正确选择。因此，每个环节的具体开展过程，对于激发小伙伴的内心能量至关重要。"

镜子教练提醒：我们需要聚焦于整体成果，来引领过程；以专注的过程，来推动整体成果的达成。这就是我们在激活团队的 OKR 四步循环中所要实现的，如图 2-3 所示。

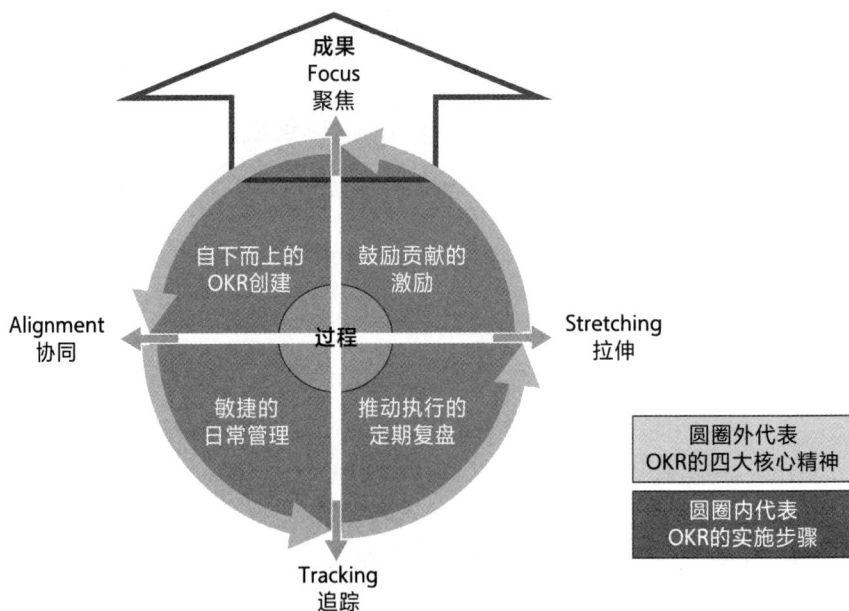

成果
Focus
聚焦

自下而上的
OKR创建

鼓励贡献的
激励

Alignment
协同

过程

Stretching
拉伸

敏捷的
日常管理

推动执行的
定期复盘

圆圈外代表
OKR的四大核心精神

圆圈内代表
OKR的实施步骤

Tracking
追踪

图 2-3　激活团队的 OKR 四步循环

你看过传统的赛龙舟吗？佛山叠滘地区的端午龙舟赛，素有"水上漂移赛"之称，精彩刺激，令人着迷。我认为它非常好地诠释了团队活动的精气神。

你认为一个龙舟队要想获胜，最重要的是什么？没错，是目标。因为大家都想赢，于是有了团队凝聚力。而赢对每个人的内在意义，则是影响队员们发挥的关键因素。赛龙舟不仅象征着全村的精气神，也传承着生生不息的精神。赢得龙舟赛的信念也代表了大家对活出精彩的渴望。我们能够通过龙舟赛看到，在目标的指引下，点燃每个人的是内心的意义感。同理，在自下而上的目标共创中，关键在于聚焦总体目标的同时，点燃每个人内心的意义感。

此外，龙舟上有一个角色至关重要，就是鼓手。他会根据对手情况、水路状况、水流缓急，敲击出团队的节奏，而所有队员则要聚精会神，根据节奏完成高难度的配合。三十多米长的龙舟，在激流中瞬间完成直角转弯、手拨倒挡、无减速的急转弯飘移等高难度动作，这已成为人们津津乐道的看点。毕竟在加速度下，龙舟一不小心就会撞碎龙头或翻落水中。而鼓手的出色表现以及与队员们出神入化的配合，都基于对当下的极度专注。同理，在日常管理过程中，重点就在于专注于每个当下最值得关注的问题，激发团队的智慧，去灵活应对、敏捷迭代，持续朝着目标推进。

在高手如云的赛道中，我们如何保持领先？唯有通过多实践和多反思！龙舟队会在不断的练习中增强团队凝聚力，在多次实战中提高队员间的配合程度，更会增加他们对赛道的了解、对对手的认知、对赛龙舟这项运动的领悟，以及对自己更深层的觉察。回到推动执行的定期复盘中，目标进展回顾是我们的规定动作，但这并不是全部。真正的重点是通过深度反思找到更好的战术，通过沉淀团队的实战智慧，更有力地支持战略目标的达成。

龙舟赛后，龙舟宴的画面同样鼓舞人心。队员们被簇拥着落座，共享美味的胜利果实，内心的快乐无与伦比。而在关键时刻力挽狂澜的功臣，则会得到大家的特别礼遇，享用最清甜的"头啖汤"。因此，鼓励贡献的激励重点在于基于成果导向，真正看见每个人所贡献的价值，做到物质激励与精神激励并重。

那么，作为团队领导者：

在 OKR 目标的创建阶段，你会如何点燃团队成员内心的意义感？

在日常管理阶段，你会如何引导团队群策群力应对挑战？

在定期复盘阶段，你会如何支持团队增强凝聚力、增长智慧？

在激励环节，你会如何做到真正地鼓舞人心呢？

在更长期的时间轴上，你又会如何推动团队目标管理良性地循环运转？让团队的激情持续保持下去呢？

在后面的章节中，你会看到更多本土团队的领导者们是如何点亮团队的，也会看到更多团队是如何群策群力、突破障碍的。你将收获每个环节的具体操作方法及应对卡点的解决办法，还将发现更多可调动的内部丰富资源及有力的外部资源。

本节练习

请描述一下，在你心中，团队应用 OKR 的成功画面是什么样的？

_____

_____

你希望通过整本书收获些什么？为了聚焦学习成果，请写下你的阅读目标，并在阅读过程中对照反思。

_____

_____

对照本书目录，你想要重点学习的章节有哪些？

_____

_____

PART 2

第二部分
有效落地

第 3 章

自下而上的
OKR 创建

君子务本，本立而道生。

——《论语》

▸ **章首故事：击球**

很多人初学高尔夫时，挥杆动作就像抡大锤，几小时下来浑身酸痛。而 G 先生的击球动作则如行云流水，非常潇洒。他是怎么做到的呢？

"不要去挥杆，要让杆自己去击球。"

G 先生的提示同样适用于 OKR 的创建中。很多人在撰写 OKR 时，会绞尽脑汁地拆解，就如同把注意力全部集中在"挥杆"的动作上，不仅破坏了动作的整体性、连贯性，甚至还会因动作变形而让自己受伤。这么用力，真的是在"击球"吗？

所谓"差之毫厘、谬以千里"。只有用心瞄准"球"要飞出的方向，在细微之处做好调整，排除一切干扰，才能以精准的角度、巧妙的杠杆原理，在实战中顺利"击中球"，达成成果！

在 OKR 创建中，你看见那颗"球"了吗？

3.1　共识价值，不是完成任务

小马的OKR

数据部门负责人小马最近认领了一个公司重点战略项目——数字化转型项目。作为项目负责人的他要为项目创建 OKR 目标。小马在公司安排的培训中了解到 OKR 的结构是这样的。

O：目标（Objectives），代表向往的方向，是定性的。

KRs：关键成果（Key Results），代表已达到该方向的预期目标，是可衡量的。

于是他在电脑中输入了以下这样一组 OKR。

O：开发统一的数据资产库。

KR1：2 月，建立数据资产体系框架，定义需求。

KR2：4 月，完成数据库平台开发和投产。

KR3：5 月，完成数据资产基本信息和参数配置。

你觉得这个目标写得如何？它的结构完整吗？嗯，既有 O 也有 KRs，有定性也有定量。看上去还挺完整的，可领导却秒回道："思维高度还不够，再多想想！"

小马一脸疑惑，说不出到底哪里不对劲。你觉得问题到底出在哪里呢？

3.1.1　OKR 创建中的两类常见错误

3.1.1.1　OKR 写成待办事项清单

小马的 OKR 存在一个典型的问题，就是把 OKR 写成了待办事项清单（To

do List），就好比"第一步，把冰箱门打开""第二步，把大象塞进去""第三步，把冰箱门关上"。这三步看上去挺合理，但它真的可行吗？我们能找到"足够大的冰箱"吗？能找到"足够小的大象"吗？因此，只有步骤而无突破的 OKR 是无效的。

小马终于明白了，"哦，我只写了操作步骤，可是怎样才能达到预期并做得漂亮？我却没有思考过，所以从哪里突破还是毫无头绪"。

镜子教练提醒：我们应警惕待办事项清单这类有害的目标，它会让我们将有限的资源浪费在无效的努力中。

3.1.1.2　OKR 创建变成了数字游戏

在撰写 OKR 时，还有另外一类常见错误，那就是玩数字游戏，即只进行简单的数字拆解，但完全没有考虑怎么才能达成目标、实现突破。设想下，就算这些数字指标达成了，你就一定能够实现想要的效果吗？比如销量上去了，但市场地位下来了，这符合你的期待吗？纵使追逐数字容易让人上瘾，但这样的 OKR 目标显然是不合格的。

镜子教练提醒：我们在设定 OKR 目标时，绝不能把手段当成目的、把过程当成结果，而忽视了你要击中的"球"！待办事项清单这类有害的目标，与玩数字游戏的上瘾目标一样，都制造了忙碌的假象，是无效的目标。

小马认真听着，"那该如何设定有效的 OKR 呢？"

3.1.2 OKR 里的思维升级

我们每次设定 OKR 时，都必须完成两次思维上的升级。我们要借助 OKR 的三层思维结构，也就是 MOKR 的思考框架[①]来实现。注意，这里是 M、O 和 KRs 三层思考框架，而不是仅有两层。如图 3-1 所示，M 代表使命，是你的初心；O 代表目标，是你的方向；KRs 代表关键成果。运用 MOKR 的思考框架，我们就可以顺利完成思维上的两次升级：从量变到质变的升级及从效率到效能的升级！

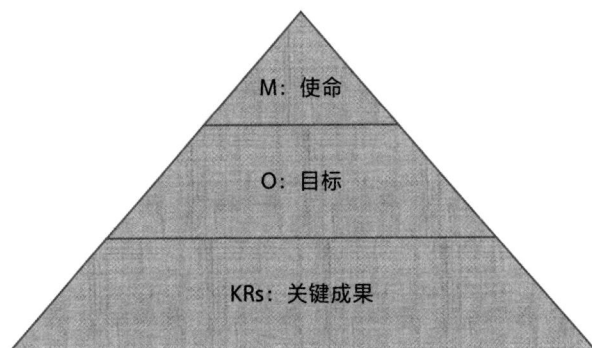

```
        M：使命
      O：目标
   KRs：关键成果
```

图 3-1 MOKR 的思考框架

3.1.2.1 从量变到质变的升级

第一次思维升级是从量变到质变的升级。我们需要跳出平面思维，摆脱单一的量化误区，试图从全局中找到最优解，进行有效突破。

约翰·杜尔曾介绍过 2006 年谷歌并购 YouTube（油管网站）后，双方关于

[①] 关于 MOKR 的思考框架，保罗·R. 尼文和本·拉莫尔特在《OKR：源于英特尔和谷歌的目标管理利器》一书中，进行了阐释。

YouTube OKR 目标设定的争论，非常经典。接下来请看 YouTube 的这组 OKR 示例[1]，并重点关注 O 与 KRs 之间是什么关系。

O：提升每位用户的平均观看时间。

KR1：提升每天 ×× 分钟的观看时间。

KR2：推出两个新的操作系统的 YouTube 客户端。

KR3：降低 ×% 的视频加载时间。

你认为，O 与 KRs，谁是目的、谁是手段呢？

小马："O 是目的，KRs 是手段。我明白了，KRs 需要围绕 O 来展开！"

没错！ YouTube 团队在创建 KRs 时，首先就会围绕 O 来思考，什么情况下用户的平均观看时间会得到提升呢？再来看看现状，当前用户的观看时间为何没有提升呢？

敲黑板，有效 KRs 的创建步骤如下：

先抬头看方向，再低头看现状，最后锁定脚下的路。

在运营数据的支持下，这并不困难。于是，YouTube 团队很快锁定了三个关键成果。首先要黏住用户，让用户的每天观看时间都得到提升，从而提升平均观看时间（和我们今天关注日活跃用户数是一个道理）。其次要推出新的客户端，无论是电脑端、平板端还是手机端，要让用户在任何场景下都能轻松使用，即使晚饭后窝在沙发里也能方便使用。最后还要解决视频加载的问题，杜绝出现因视频太卡而流失用户的现象。

YouTube 团队的 KRs 是这样产生的。他们并没有把关注点放在数字的拆解

---

[1] 约翰·杜尔在《这就是 OKR：让谷歌、亚马逊实现爆炸性增长的工作法》一书中，曾介绍过 YouTube 与谷歌之间关于用户观看时长这一衡量标准的争论。

上，而是致力于寻找高杠杆的成果，来撬动 O 的达成！这种全新的思考方式非常值得借鉴，它让我们拥有了从空中俯瞰全局的视角，能够快速锁定属于自己的最优路径，再把有限的"炸弹"用在最关键的突破上，而不必忙着去模仿别人了。

对于这一点，小马很有感触，"我们经常面临时间紧、任务重的困境，要冲流量、冲销量，指标定得都很高，而手里的资源却少得可怜。很多时候真不知道该怎么做。向同行'抄作业'①也不见效，问领导还会被骂'等靠要'②。我们真的很需要这种新视野、新思维，需要自己去寻找路径"。

镜子教练："是的。大家过去太急于求方法、要答案了，反而忽视了对目标的思考。"

打破单一量化误区

从现象看本质，我们将发现深植于人们心中的不合理信念。许多行业都经历过爆发式的增长阶段，人们常误以为只要冲得快，就能够做大做强，所以对指标特别敏感，却忽视了明确发展方向并及时调整策略的重要性。这就容易掉入单一的量化误区，在错误的方向上越跑越远。

因此，要想真正有突破，我们得先从哪里出发呢？

小马："必须得从 O 出发，先抬头看清方向，然后再低下头看清现状，看清脚下的障碍，才能快速聚焦于真正的突破点，带来突破性的质变。"

镜子教练："没错！我们得从 O 出发！"

---

① 网络流行词，指跟风复制同行的优秀做法。

② 网络流行词，指总是习惯于等待别人的帮助和支持的思维模式，而不去思考我能为他人或群体做些什么。

坚持正确的方向，找到全局最优解

有一个问题非常重要：请问，O 与 KRs 的设定，哪一个更关键呢？

小马："当然是 O。俗话说方向跑偏，努力白费啊！"

关于这一点，近些年国内很多行业都提供了鲜活的案例。例如，打车平台不择手段地刺激司机多接单而导致信任危机；被困在数据里的快递小哥引发行业争议；娱乐圈追逐流量密码[①]，却被饭圈[②]乱象反噬；公共行业为追求涨粉，不惜挑战大众价值观底线，引发公关危机，造成公司股价大跌；等等。这些行业对追逐数字上瘾，在量化中迷失方向，为的只是一时的狂欢与虚假的繁荣。而这符合它们的初心吗？

同时，在各行业中，一批坚守初心、一丝不苟的良心企业正在悄然崛起。影视界，电影《流浪地球》、电视剧《三体》开启了国产科幻的新纪元，动画电影《哪吒》《新神榜》《长安三万里》则推动了国潮文化的崛起之路；电商界与地方文旅联手，撬动了一方经济的发展。

扪心自问，我们到底希望创作什么样的作品？我们最应该关注的成果到底是什么呢？如果缺少对正确方向的坚持，仅靠数字驱动，很可能冲得越猛，伤害越大，甚至导致消亡。

亚马逊创始人贝索斯在 2021 年卸任前的最后一封致股东信中说："任何不能为他人创造价值的企业，即使表面上看起来很成功，也不会在这个世界上存在长久，终将被淘汰。"

---

① 网络流行词，指借助某一热点在网络上获取大量流量的行为。

② 网络用语，粉丝圈子的简称，指的是围绕某个明星、偶像团体或影视作品形成的粉丝群体。

镜子教练提醒：在 VUCA[①] 时代下，干扰与风险环伺，做正确的事要远比做得正确更加重要！选择正确的方向、正确的 O，是摆脱单一量化误区、拓展全局视野的关键！

3.1.2.2 从效率到效能的升级

小马充满好奇，"不过怎样才能知道，这个 O 就是正确的方向呢？"

这就是我们要进行的第二次思维升级：从效率到效能的升级。

从使命出发，回归初心

要确保正确方向，我们需要从使命出发，回归初心，问问自己到底为什么要做这件事儿。

回到 YouTube 的案例上，为什么 YouTube 会选择提升每位用户的平均观看时间作为公司的 O 呢？这是由该团队的使命决定的。这背后还有一个小插曲，当年 YouTube 被谷歌并购后，在谷歌集团层面的一个 KR 是提升用户的点击率。谷歌管理层认为 YouTube 作为子公司，可以直接继承集团的这一 KR，作为自己的 O，结果遭到了该团队的激烈反对，为什么呢？因为这不符合 YouTube 的初心。

YouTube 是一家视频网站，是创造快乐、分享快乐的网站，这是它的立足根本，团队更在乎的是用户肯花多少时间在该网站上。而谷歌是做搜索引擎的，更关心有多少人点击了网站页面。这个故事的结局是，YouTube 团队成功地捍卫了自己的初心。正因为这个坚持，在接下来的十年中，团队的梦想变为现实，

---

① VUCA 是 Volatility（易变性）、Uncertainty（不确定性）、Complexity（复杂性）和 Ambiguity（模糊性）的缩写。该术语源于军事用语，并被广泛应用于各种组织的战略中。

YouTube 成长为全球最大的用户生成内容（User Generated Content，UGC）视频存储仓库之一，为谷歌贡献了惊人的价值回报。

假如没有当时对初心的坚持，今天的 YouTube 又会如何呢？很可能会沦为一个平庸的视频搜索引擎，而丧失它原本的独特价值，更失去团队的热情与用户的喜爱。

从使命出发，回归初心，可以让我们始终坚守心中的方向，并产生源源不断的动力。这就是第二次思维升级，即从效率到效能的升级。我们追求的不是越跑越快、越做越多，而是整个团队的效能提升。

其实这对我们今天的管理是非常有启发的。

（1）反思一味追逐效率的代价

这几年我们围绕 996、007[①] 现象讨论了很多。职场人似乎已习惯了夜以继日、以量取胜的人设[②]，很少思考"为何出发"这个本质问题。

小马："更矛盾的是，中国职场人的努力有目共睹，但管理者们却依然抱怨团队缺乏动力，这是为什么呢？"

这一现象背后的成因就是大量的、无意义的努力！镜子教练在无数访谈中发现，很多职场人认为自己就是"行走的工具人"[③]，每天重复毫无意义的任务，还要跟时间赛跑，不断提升效率。他们感到非常焦虑，甚至患上职场抑郁症。当员工的身心已疲惫不堪，哪里还有多余能量去主动创造呢？而一味追逐效率

---

① 网络用语，均指违反劳动法的工作制度，用以形容互联网企业盛行的加班文化。996 指 9 点上班、21 点下班，且一周工作 6 天。007 指从 0 点到 24 点不间断工作，且一周工作 7 天，每天工作时间不受限制。

② 网络用语，指人物设定，这里特指职场人通过自身行为表现所塑造的群体形象。

③ 网络流行词，这里特指职场人在工作中感受不到意义，被当作完成任务的工具来使用。

就是问题的根源，这会造成对人的过度消耗。其代价就是，团队在毫无意义的努力中选择躺平，团队的创造力严重受阻。

可是这种消耗真的值得吗？美国管理界在多年前曾经做过一项研究，他们发现 30%~70% 的工作内容其实根本没必要存在。在瞬息万变的今天，这个问题就更加凸显了。

想想看，在你的团队中，有多少工作是在做无用功呢？

小马认为，确实有不少工作并没有真正创造价值，而一些真正重要的事反而无人关心。

"天啊！原来大家以为在与时间拼命赛跑，事实上却正奔跑在无效的延长线上，甚至可能是在错误的方向上越跑越远，而自己还毫无察觉。"

那么，作为上级的你，会怎么做呢？

小马的做法是：贴身监督、步步紧逼，而结果却引起了员工的抵触。于是小马提心吊胆，就怕哪天某位下属不告而别。一味追逐效率造成了一系列管理行为变形，带来了难以摆脱的恶性循环。

镜子教练提醒：为避免员工在错误的方向上奔跑，我们更需要从心出发去改变员工的思维方式，让员工学会像创业者一样思考！先想清楚为何出发，为什么要做这件事，再锁定正确的方向与路径。

（2）从心出发，激活团队的自主性

当每个人心中都自有一轮光明月，再遇到变化时，他们的工作状态、工作方式会有何不同呢？

小马好像看到了希望。"那肯定就不再需要推一下动一下了，他们自己就会主动判断正确的方向。只要锁定了正确的方向，再遇到新情况，他们就能当机立断，恰当应对。而当别人需要帮助的时候，他们也能够独立判断事情的优先级，并给予恰当的支持。这不就是我期待的团队状态嘛！我就是希望团队中每个人都能够自发思考，主动发挥创造性！"

没错，当每个人都发自内心地创造、突破，也许你的团队里会涌现出更多顶级高手。这样的团队不就是很多领导者梦寐以求的吗？团队领导者们要做的就是：激发员工内心对意义感的认同，让大家自动聚焦于正确方向，积极主动地寻找突破方法，进而提升整个团队的效能。

3.1.3 创建 MOKR 的步骤

通过 YouTube 的案例，我们深度理解了 MOKR 的思考框架。现在你知道在创建 OKR 的时候，应该先从哪里出发吗？

小马："必须是 M，我们的初心！"

镜子教练："没错！我们要站到 MOKR 这座山顶的制高点去思考，才能照亮心中正确的方向（O），并且沿着这个方向，去俯瞰全局，找到关键的突破点（有效的 KRs）。"

小马："对！MOKR 的思考框架会让团队告别'等靠要'，让人人都愿意主动想，不仅能够说得清，而且还能做得到！"

MOKR 超越了目标，用十足的动力、清晰的方向和有效的实现路径重新武装了团队。

接下来，小马跃跃欲试，打算运用 MOKR 的思考框架修改数字化转型项目的目标。基于 MOKR 的思考框架，镜子教练邀请小马思考以下三个问题。

- 聚焦于公司战略，我们的数字化转型项目贡献的核心价值是什么？

- 从这个价值出发，我们要达成什么样的效果？团队最重要的方向是什么呢？

- 聚焦于这样的方向，我们要抓住哪些最关键的成果呢？

经过这三问，小马重新梳理出了一组项目目标。

M：用数字化转型项目支持公司高效精准的决策，进而实现降本增效。

O：在 × 月 × 日前，打通核心业务的数据价值链。

KR1：在 × 月 × 日前，完成各核心业务部门的调研，排查当前决策卡点，形成数字化决策解决方案，并通过领导审批。

KR2：在 × 月 × 日前，通过首个小范围测试标准，跑通首个核心业务决策闭环。

KR3：根据测试结果进行迭代，并在明年 12 月底前扩大到全部四大核心业务，跑通所有关键决策。

前后对比，你觉得这组 OKR 写得如何？很明显，小马把握住了项目最重要的价值点，并对项目工作有了更清晰的规划，最终能够把有限的精力用在最关键的突破上。小马感到，高质量的 OKR 目标是项目有效落地的基础。

以上梳理过程，对你有何启发呢？请尝试运用以下三个成果导向的问题，重新梳理一下你的团队 MOKR 目标吧！

1. 聚焦于公司战略，我的团队贡献的核心价值是什么？

2. 从这个价值出发，团队最重要的方向是什么？要达成什么样的效果呢？

3. 聚焦于这几个方向，我们要抓住哪些最关键的成果呢？

3.2 清晰聚焦，明确为何而战

经过上一节对 MOKR 思维的练习，小马发现，在创建团队目标的过程中，有一点至关重要，那就是 M，即初心的锁定，这样才能找准项目团队的价值定位。

小马："不过这一点好像挺难把握的，在数字化转型项目中，我就是在这一步出了错，导致目标写成了待办事项清单，还被领导批评高度不够。"

的确，价值定位模糊、缺少共识，是很多团队在落地 OKR 时容易栽跟头的地方。接下来，我们就谈谈如何帮助团队清晰聚焦，做好价值定位。

3.2.1　组织的咽喉要塞：沙漏模型 [1]

每个人对价值都有自己的理解，如果缺少凝聚与共识，团队工作就如同一盘散沙，无法发挥其应有的作用。那么一个团队的 M（价值定位）来自哪里呢？来自组织中上下衔接的关键部位。如图 3-2 所示，公司的战略落地就像这个沙漏，是一个积沙成塔的过程。沙漏的下半部是该团队的 MOKR 目标及关键行动、关键策略；上半部分则是公司的使命愿景、核心战略、OKR 目标；沙漏最狭窄的部分就是它的咽喉要塞。当沙漏上下错位时，该团队工作的价值就失去了支点；只有打通上下衔接的关键环节，团队才能基于对公司方向的深度理解，找准自己团队要扮演的角色，并发挥其重要作用。

---

[1]　在《OKR：源于英特尔和谷歌的目标管理利器》一书中出现了企业管理中的金字塔模型。沙漏模型借鉴了金字塔模型与国际教练大师玛丽莲·阿特金森对逻辑层次模型的发展，将两者结构进行了整合。逻辑层次模型源于 NLP（Neuro-Linguistic Programming，神经语言程序学），由格雷戈里·贝特森进一步发展，后经罗伯特·迪尔茨整理，在 1991 年正式提出。

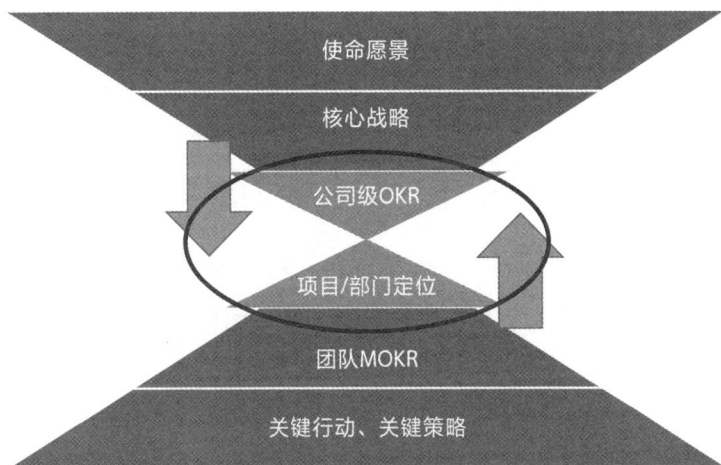

图 3-2　沙漏模型

组织中上下衔接的环节十分脆弱，就像人的咽喉一样，在天气变化中容易疼痛发炎，引发一系列症状；同样，在公司方向发生变化时，沙漏的咽喉部位也最敏感。当企业的战略方向和每年的作战路线做出调整时，各部门向上聚焦的环节极易变形。如果部门方向模糊不清，定位不准，再向下推展到各层的落地工作，变形就会愈加严重，从而产生战略执行不一致的常见问题。因此，我们需要投入额外的精力，在变化中进行有效的团队价值定位。

小米创始人雷军曾在 2023 年度演讲中提到，在锁定高端市场战略时，他原本以为团队一定会众志成城地朝着新方向进发，却没想到各层团队存在着非常大的分歧。大家并不明白为什么一定要改变，很多人认为这太难了，应该坚持现有的优势。

小马在这方面很有感触，"我们平时确实都忽略了团队的价值定位这一环节，各层人员根本不理解领导为什么提出新要求，也就是不理解为何出发。大家只做表面功夫，形式上继承上级的数字，或直接复制上级的 KRs 作为自己的 O，根本没经过深度思考。这是不是又掉入单一的量化误区了呢？最后，大家在数字和效率的双重压力下，出现了各种奇怪的动作变形，既痛苦又得不到公司认可。"

没错，当手脚与大脑脱节，团队方向与公司方向脱节，团队再努力也是无效动作。

小马："唉，难怪我们加班加点赶进度，领导还是不满意……"

因此，我们要努力打通组织的咽喉要塞，这样才能找准团队的价值定位，使其符合公司发展的方向，而这才是领导关注的。小马修改的 MOKR 之所以得到领导的认可，正是因为他在 M（使命层）对项目的价值进行了清晰的表述。

3.2.2　打通组织的咽喉要塞

那么，咽喉部位出了状况怎么办呢？最好的办法是不要拖延，立刻启动自上而下的宣导与自下而上的共创。

传化集团是一家年收入超过千亿元的大型集团，集团一直在积极探索多个新方向的发展，是国内多元化集团中的"模范生"。集团战略发展部总经理滕飞在与镜子教练的访谈中说："对一个干劲十足的团队来说，反复纠结于目标的变化是一种严重的精神内耗，会令团队非常痛苦。"而我们通过 OKR 的共创帮助团队迅速聚焦于正确的总体方向，并激发出每个人的激情与活力，赋能团队以惊人的速度达成阶段性的战略成果。

3.2.2.1　自上而下的宣导，加强向上聚焦

我们要如何做呢？

首先，我们需要通过自上而下的宣导，帮助大家充分理解公司的总体方向、

为什么要这样做以及它的意义所在，并引导团队向上聚焦，找准项目的精准定位。这需要公司领导者及各层领导者主动向下传达，照顾好各层衔接的咽喉部位，确保战略执行的有效落地。

一个典型误区：叠加出来的目标

小马："我们公司会先收集各部门上报的目标，然后组合为公司目标，这也符合 OKR 自下而上的原则吧？"

镜子教练："这是一个典型的误区。OKR 不仅仅是自下而上的过程，首先应该是自上而下的宣导。"

镜子教练提醒： 公司目标的来源不是简单地将各部门目标叠加起来，而应该来自对公司战略方向的讨论。因此，对战略方向自上而下的传达非常重要，然后才会有自下而上参与讨论与共创的过程。同样，部门的目标也不是每位成员目标的简单叠加，而是大家根据公司整体方向，对部门的工作重点共同进行讨论的结果。

案例 3-1

从叠加到凝聚（德国全球龙头企业的河南子公司）

"公司级目标竟然有十三项？这可不太聚焦哦！"镜子教练对德国全球龙头企业（下称 B 公司）的河南子公司的目标初稿提出反馈。HR 回应道："子公司目标是由各部门递交的目标叠加而成的，所以加起来就很多了。"

可是这样的目标能够指引全公司的总体方向吗？它也许可以用来追踪各部门有没有按时完成任务，但对激发团队的内在动力几乎没有帮助。

B 公司是一家为工业废物的综合管理和回收提供创新可持续解决方案的国际

公司，拥有超过二十年的成熟运营经验和不断完善的先进技术。公司在全球多个国家设有运营工厂，是欧洲的行业领头羊。目前，河南子公司正在筹备建厂，各部门的工作都在紧锣密鼓地推进。那么，对于整个子公司来说，该阶段应该聚焦在怎样的成功画面呢？小伙伴们的内心愿景是比较模糊的。

总经理 H 说出了他内心的期待：基于公司的使命、愿景和战略，他希望通过河南子公司的工厂带动整个河南省钢铁产业的升级，为家乡从"制造污染的重工业省份"转型为"创造经济效益的环保省份"做出贡献，甚至将子公司打造为河南名片。这是一幅多么激动人心的图景！

基于此，总经理 H 为子公司"按时实现合法合规的卓越运营"注入了新的意义与丰富的内涵。很快，公司级 OKR 目标出炉，子公司全员在这个高瞻远瞩的目标激励下，出色地推进着各项筹备工作。他们的工作成果打动了欧洲总部，总部得知 OKR 对团队产生了巨大的凝聚和引领作用后，决定在全集团范围内推广 OKR。

自上而下宣导的经典案例

为了更好地理解自上而下的过程，我们以英特尔、谷歌和字节跳动的实践为例。

英特尔的实践：

1979 年，为了在微处理器领域中奠定行业领先地位，英特尔向摩托罗拉公司发起了一次成功的"粉碎行动"[1]。英特尔创始人鲍勃·诺伊斯和安迪·格鲁

---

[1] 约翰·杜尔在《这就是 OKR：让谷歌、亚马逊实现爆炸性增长的工作法》一书中，详细介绍了英特尔的"粉碎行动"。

夫在圣何塞的酒店举行了"粉碎行动"启动仪式，对英特尔的管理团队进行了简单明了的指示。安迪·格鲁夫向团队说明了必须要做的事情以及这样做的原因，并指出在这些事项有效完成之前，他们都应视其为优先事项。当年，英特尔以绝对优势战胜了摩托罗拉，从此在微处理器领域占据了霸主地位。

安迪·格鲁夫还有一个习惯，就是将公司级 OKR 目标贴在自己座位的隔板上。这样做不仅是为了提醒自己，更是为了提醒来来往往的同事们时刻聚焦公司的优先事项。

谷歌的实践：

谷歌自创业以来，在相当长的历史中保留了全员透明沟通的重要会议传统——TGIF 大会，即谢天谢地今天是星期五（Thank God It's Friday）大会，这是谷歌开放文化的代表。它包含高管分享与开放问答两个环节。从高管到普通员工的相互交流，曾促进谷歌上下一心，飞速发展。

字节跳动的实践：

字节跳动创始人张一鸣非常重视对公司方向的宣导。2020 年 3 月，在字节跳动成立八周年之际，张一鸣在给全体员工的信中，公布了组织升级及未来将关注的三大重点方向。在信中，他宣布将放下日常管理工作，作为公司创始人，他将聚焦远景战略、企业文化和社会责任等长期而重要的事情。他向员工充分解释了这样做的重要意义及背后的思考过程，以促使全体员工充分理解公司未来的发展方向，并享受这次"旅行"。

以上三家卓越的国内外公司，都在自上而下的宣导上下足了功夫，帮助团队加强对公司方向的理解。如同春天冰山融化可能形成瀑布一样，来自上层的清澈水流将不断注入各层溪流。

小马恍然大悟，"原来不是我一个人关起门来写目标就可以了，而是要帮助团队理解公司领导层的想法，还要让团队明白为什么要这样做，形成上下的高度一致，这还真是需要花些心思呢。有什么简单方法吗？"

镜子教练："别急，除了自上而下的宣导，我们还有自下而上的共创过程。它可以促进团队成员对总体方向的理解，并达成深度共识。"

3.2.2.2　自下而上的共创，提升团队参与感

小马："为什么要共创？写好目标再公开答疑不就可以了吗？"

企业文化大师埃德加·沙因曾提醒我们："互动方式比互动结果更重要。"自下而上的共创，为团队提供了参与目标创建的机会，加强了团队对目标的理解和共识，并有助于提升团队成员的承诺度。

那么，这个过程如何开展呢？我们来看谷歌的实践。

谷歌的 OKR 目标

谷歌在每年 11 月初就会向全员公布次年的方向，并在内网对公司次年第一季度的 OKR 目标集思广益[1]。12 月初，由员工贡献的好点子会被集中起来，供公司层面参考，用于构思次年第一季度的 OKR 目标。12 月底，公司高层召开 OKR 会议，确定次年第一季度的公司级 OKR 目标，并向全员公布。之后，公司上下会陆续开展各层的 OKR 共创会，并迅速确定次年第一季度的各级目标。

---

[1]　瑞可·克罗和约翰·杜尔分别在公开的视频分享及《这就是 OKR：让谷歌、亚马逊实现爆炸性增长的工作法》一书中，介绍了谷歌创建 OKR 的相关实践。

开好 OKR 目标共创会

OKR 目标共创会的方式非常有效，目前在国内已被众多企业接受。在共创会中，每个人都可以根据自己对业务的理解献计献策。大家群策群力，寻找创造性的突破方法，并在此过程中更高效地达成共识。这不仅创建了文字上的 OKR 目标，更达到了凝聚人心的作用。共创会节省了团队的大量精力，减少了过程中的内耗，帮助团队快速统一语言和统一作战思路，这是一种事半功倍的做法。

对于这一点，传化集团的 OKR 实践者们深有体会。传化农业乡村公司总经理陈科和集团战略发展部总经理滕飞一致认为，OKR 共创工作坊对团队的帮助非常大。他们认为，OKR 共创不仅能够让团队成员贡献智慧，还能让大家在目标探索过程中，反复用 OKR 的方法讨论、对齐，把一些想不清楚的目标想清楚。"把目标想清楚"对一个团队管理者来说是最重要的，而他们认为 OKR 共创的方法本身就是对"共同把目标想清楚的过程"进行的有效管理。

听到这里，小马眼前一亮，好像终于找到了如意法宝，但他还是有些担心。"要是我们共创的质量不高怎么办呢？共创的时候挺热闹，但会后无法真正落地，该怎么办呢？"

其实，共创的核心不在形式，而在于它的目的。

镜子教练提醒：共创不仅仅是为了产出目标，更重要的目的是凝聚人心！真正实现上下打通，让所有人拧成一股绳，为了共同的目标而竭尽全力！

因此，OKR 目标共创会绝不能流于形式，而要基于激活团队、达成深度共识的出发点。共创会中最值得关注的是什么呢？是团队所面临的障碍。因此，我们需要真正理解团队当前的状态与重点，诊断组织当前的痛点、卡点和堵点①，看见组织咽喉要塞的"炎症"；在对战略、组织和OKR的深刻理解基础上，进行巧妙设计，拉伸团队的视角，打开每个人的心门，把"炎症"消除！

对于正在转型中的团队，或是首次推行 OKR 的团队而言，这一点尤为关键，但要真正做到并不容易。为了实现成果的最大化，我们有时需要借助成果导向的 OKR 教练的帮助，让每个团队成员的心聚在一起，并产生深度的意义联结和持续的同频共振。

3.2.3　实战案例：某知名汽车制造企业

分享一个来自某汽车集团下属中心的真实案例。当时，该中心已开展 OKR 半年有余，团队基本靠自学。他们学习线上课程、阅读 OKR 相关书籍，之后各自撰写 OKR 目标，但普遍感到所写的 OKR 与 KPI 没啥区别。集团副总认为，原因在于大家的战略高度不够，在集团智能化转型的关键节点，中心层级的目标没有很好地体现转型应有的突破。

该集团当时正在进行智能化转型，希望未来实现互联互通，成为全球最知名的汽车企业之一。为此，集团和中心层级都进行了详尽的战略解码，而战略部也下发了厚厚的书面文件。在此基础之上，中心层级的 OKR 目标更多体现了对指标与战略、战术的拆解。对于这一 OKR，领导层感受不到创新和突破，而团队则认为这只是 KPI 的变形。

问题出在哪里呢？

如果回到沙漏模型，你会发现卡点依然在组织的咽喉要塞上。中心层级的

---

① 分别指组织问题突出的现状、无法突破的业务难点及无法顺畅推进或缺少有效协作的环节。

管理人员对新使命的认知不够清晰，大家的认同仍停留在文字层面。这样形成的目标究竟是集体的目标，还是与每个人息息相关的目标呢？当大家加班加点工作时，这一目标能否点燃大家内心的火花呢？

于是，在共创会中，镜子教练借助 MOKR 思考框架的梳理，帮助中心管理层重新理解集团新战略及其各要点的优先级排序，并基于集团战略要求，对中心的价值进行重新定位。大家仿佛一同穿越到未来，畅想在新的战略蓝图中，该中心的工程师、专家们在做着哪些不一样的事情；再回到转型的当下，有哪些事情是中心当前工作的重中之重呢？通过结合战略转型模型，大家拉伸视角，理清当前要点与创新路径；再借助 MOKR 思考框架对中心的目标进行高质量的共创，最终取得了超出预期的共创成果。

《孙子兵法》中言："先胜而后求战。"正如该中心一位高层所说："这次共创让我们看见了未来，我们才会更加相信未来！"看似简单的共创，要取得高质量的成果却并不简单，需要经过精心的设计，引导团队打通内在的堵点。

如何进行成功的设计呢？离不开一次关键对话。它发生在集团高层领导与镜子教练之间，其目的是诊断并达成共识。通过对话，镜子教练可以判断在何时、在何地、对谁、用什么样的方式，才能有效地引导团队打通堵点、达成目标，并进行审慎的思考和精巧的设计。这也正是外部 OKR 教练所应提供的价值。企业在如此关键的环节，需要借助他们的帮助。

综上所述，我们理解了要帮助团队明确方向，需要打通组织中上下衔接的咽喉部位，通过自上而下的宣导和自下而上的共创，来实现团队工作的价值定位及高质量的目标创建与共识。我们需要借助 OKR 教练的帮助，在共创会之前与公司高层进行深度对话诊断，并通过特别的设计，拉伸团队的视角，支持团队打通堵点。

为了巩固收获，咱们来做个练习。

本节练习

请根据以下问题，梳理团队重新定位、聚焦明确目标的方法。

Q1：请问你的公司使命、愿景、战略重点是什么？公司层级的 OKR 是什么？

Q2：你的团队对以上方向的理解程度和共识深度如何？

Q3：你认为基于对公司总体方向的聚焦，你的团队需要贡献的最重要价值是什么？团队成员对此的共识度如何呢？

Q4：基于以上现状，在自上而下的宣导与自下而上的共创方面，你打算怎么做？

行动计划

我打算＿＿＿＿＿＿＿＿＿＿＿＿＿＿＿＿＿＿＿＿＿＿＿＿＿＿＿＿。

开始时间：＿＿＿＿＿＿＿＿＿＿，结束时间：＿＿＿＿＿＿＿＿＿＿。

产出成果：＿＿＿＿＿＿＿＿＿＿＿＿＿＿＿＿＿＿＿＿＿＿＿＿＿。

需要谁提供哪些协助：＿＿＿＿＿＿＿＿＿＿＿＿＿＿＿＿＿＿＿。

3.3 协同策略，出发前对齐了吗

3.3.1 别人不重视我们的 OKR，问题出在哪

小马最近很烦恼，他接到公司领导交代的一个项目，但每次他找负责开发的同事催进度时，都被通知要排队。小马要求关键项目优先安排，但开发部的

同事却以"你们经常变来变去"为由，请他们先把需求想清楚再说。

"唉，这么重要的任务，他们就是不配合！总是这么敷衍我，OKR进度都卡在这里了。你说是不是他们的问题？"

在你的公司里，是否也存在小马控诉的跨团队协作问题呢？

在小马的故事里，我们看到不同部门的同事对待同一个关键项目，持有截然不同的态度。小马作为项目负责人，希望大家重视并尽快推进进度；但开发部的同事需要完成来自不同部门的需求。他们根本无法判断需求的重要性和优先级，也不理解为什么小马的需求总是在变，感觉自己做了很多无用功，认为小马应该提前确认需求。

假如我们站在整个项目的角度来观察，会发现什么呢？作为同一个项目组的成员，大家似乎没有看向同一个方向，在团队协作上始终存在障碍。这样的表现会造成怎样的影响呢？对新项目团队来说，跨团队协作出现问题会让项目推进举步维艰，成为项目团队面临的巨大障碍。

3.3.2　转任务驱动为价值驱动

为什么会这样呢？其中一个重要原因就是在矩阵式管理模式的惯性下，项目组成员都被任务驱动，而不是由价值驱动。小马和开发部的同事虽同属一个项目组，但在组织架构中，他们分属于不同的部门，所以小马对开发部的同事没有直接管理权。小马作为项目负责人，需要统筹、协调整个项目工作的开展；而项目组成员只关心各自的岗位任务，这就给小马的工作带来了很大困难。

小马："的确是这样的。大家都在原来的岗位上各自为战，认为只要完成自己的任务就大功告成了，对整个项目的成功与否并不关心，并没有真正联合起来作为一个团队去战斗。"

"该怎么解决这个问题呢？"小马迫不及待地问。

镜子教练提醒：要想从任务驱动转为价值驱动，我们需要重新凝聚整个项目团队，依然要回到沙漏模型中，解决项目定位的"卡脖子"问题。

3.3.3 形成新共识，凝聚新战队

我们在之前的内容中已经了解到，各部门共同参与公司层级目标的创建，才能对整体的一盘棋形成深度理解，并对整体的协作策略形成深度共识。当今，许多公司都会成立虚拟的项目团队、临时工作小组或为特别任务组建的新战队。对于这些新团队来说，管理者需要审视大家是否达成了共识。

小马："我们这个新的项目团队显然没有达成共识。"

因此，我们依然要邀请大家跳出原有部门的岗位框架，切换到新的角色定位，让整个项目团队形成一个全新、统一的整体，让大家对该项目形成共同期待与共同责任。在项目成立之初，跨部门的团队成员就要一起参与，共创明确的项目定位和总体 OKR 目标。只有达成深度共识，才能作为一个整体共同作战。

还记得创建 MOKR 的三个成果导向问题吗？如果结合沙漏模型，我们应该如何思考呢？

小马："嗯，要想清楚以下这些问题。"

- 这个项目为何重要？它在公司战略中的定位是什么？它输出的最核心价值是什么？
- 基于当前状态，在有限的资源下，我们最应该朝着哪些方向共同努力？
- 我们在这些方向上，最应该把握哪些关键成果？

镜子教练："很好！通过这样几个问题，让项目团队达成新的共识，作为一个整体共同作战，而不是基于各自的任务互相倾轧。"

小马："嗯，每一个新的项目团队都要共识自己存在的意义，转任务驱动为价值驱动！"

3.3.4　积极向上沟通，发挥个人影响力

终于找到了问题源头，小马打算立即行动。"接下来，我也要带领整个项目团队一起讨论这三个问题。让开发、产品、测试和运营的同事们，真正成为整个项目团队的一员！"

镜子教练："太棒了！不过我可以再挑战你一下吗？请问你已经完全搞清楚这个项目存在的重要意义了吗？你与领导之间有过共识吗？"

"呃，这个……应该……"小马有点不好意思地说："还真把我问倒了，其实领导也没有和我讲得很清楚……看来我还得先做好向上的打通工作。我这就约分管副总好好聊聊，一定要拿到有价值的背景信息，包括在设立这个项目时高层的考虑，这样才能向下传达。"

镜子教练："是的。祝你成功！"

镜子教练提醒： 积极主动地向上沟通，永远都是必要的。项目团队的领导者需要充分利用多种渠道，发挥个人影响力，获取自上而下的重要信息，照顾好新团队的"咽喉"部位，帮助成员们找准定位。

3.3.5　实战案例：某知名电商公司重点项目组

分享一个电商领域的实战案例，案例对象来自某知名电商公司的重点项目

组——超级会员项目组。

在电商用户增长红利见顶的 2022 年，该项目组另辟蹊径，为公司贡献了超过四成的线上商品成交总额（Gross Merchandise Volume，GMV），并在笼络核心用户、加强转化上创建出自己的一套方法。让我们看看他们的 OKR 创建过程。

2022 年年初，该公司刚开始推行 OKR。公司级 OKR 出炉后，各项目团队就开始着手撰写自己的 OKR。超级会员项目组在向上对齐时遇到了难题。上级关注的主要是 GMV、用户数的增长等指标。于是项目组直接继承了上级的用户数增长指标（KRs），作为项目组的 O。为了实现这个 O，他们决定开展更多的市场推广活动。但在用户增长红利已经见顶的时代，冲击这个目标实在太难了。大家对目标产生了怀疑。

该项目组遇到的真正问题是什么？是团队不敢挑战吗？不！真正的问题是项目的定位！

整个项目团队对项目定位的共识并不清晰，他们直接继承了用户数增长指标。但这是出于领导的要求，团队是被动的。几乎所有项目组都在为此努力，那么重点项目与其他项目的区别又在哪里呢？

于是，镜子教练提醒大家，要先搞清楚在整个公司的战略定位中，该项目的存在价值是什么？要达到怎样的效果？大家忽然发现，由于该项目并没有一个统管的高层，所以大家了解的信息是割裂的、碎片化的，对于完整的背景所知甚少，他们的信息都来自各自的部门领导。

为了解决信息上的"卡脖子"问题，疏通组织沙漏的咽喉要塞，镜子教练邀请三个关键部门的主管按照问题清单分别与各自部门的上级进行沟通，并带回有价值的信息。在共创会上，大家再通过高效沟通，一起完成拼图，共识整个项目的定位，并在此基础上共创项目全新的 OKR 目标。

根据三位主管带回的信息，小伙伴们共识出该项目的使命是：另辟蹊径，为公司蹚出一条高质量转化之路，借此来提升可持续的用户增长与收入增长。那么，我们凭什么能够吸引用户，又凭什么提升可持续的营收增长呢？我们需要提供哪些不一样的东西呢？

这一刻，大家终于打开格局，跳出了对 GMV 的执念，从全局出发找到了五个最重要的 O。其中的一个 O 就是：打造可持续高质量转化的能力。在产品规划和活动策划上，大家形成了共同的宗旨和努力方向，并锁定了几个关键的 KRs。

在明确且深度共识的 OKR 引领下，针对用户画像、产品、算法、运营和研发的同事密切协作，推进了一系列的创新措施，如高端定位的新系列、品牌定制产品、全新的网站栏目、会员推荐制、会员专享券、高黏性用户挖掘等，用独特的产品黏住用户。大家还在精准推荐上作出了努力，以激活用户的需求乃至周边用户的需求，并持续促进转化。

经过 2022 年全年的不懈努力，项目团队取得了颇为亮眼的成果：2022 年第四季度，其活跃用户数直线飙升，对线上 GMV 的贡献占比超过四成，并在笼络核心用户、加强转化上构建起了一套自己的方法。超级会员项目团队成为公司年报上最闪亮的那颗星！在接下来的 2023 年和 2024 年，超级会员项目团队持续为公司发展带来亮点。

通过以上案例，我们看到对于来自跨部门的项目团队而言，无聚焦不可以，无共识更加不可以。领导者需要积极向上沟通，搞清楚在公司战略中，对项目的成功定义是什么？当资源发生冲突时，不同任务的优先级是什么？背后的考量是什么？这样，我们才能够在理解战略意图的基础上做到真正的聚焦，从而达成具有深度共识的 MOKR，让大家从任务驱动转化为价值驱动，形成一个跨团队的动态网络，让每一个节点都开始发光。团队要真正像一个球队一样去战斗！

以上，我们已经完成了 OKR 目标创建环节的学习。目标设得棒，激励才有依据。有了众心所向的共同目标，团队成员便人人心中有杆秤，更容易在 OKR 落地过程中形成积极主动和自我激励与团队激励的工作氛围。

本节练习

你可以通过以下四个问题，对项目管理中跨部门协作进行诊断，并梳理优化思路。

Q1：在你所领导的项目团队中，跨团队之间的协作情况如何？具体表现有哪些？

Q2：在这个项目中，大家共同的目标是什么？请从 M、O、KRs 三个层级来回答。

Q3：大家对项目共同的 MOKR，共识度如何？

Q4：基于以上情况，你打算做些什么来优化项目团队的现状呢？

行动计划

我打算＿＿＿＿＿＿＿＿＿＿＿＿＿＿＿＿＿＿＿＿＿＿＿＿＿＿＿＿。

开始时间：＿＿＿＿＿＿＿＿＿，结束时间：＿＿＿＿＿＿＿＿＿。

产出成果：＿＿＿＿＿＿＿＿＿＿＿＿＿＿＿＿＿＿＿＿＿＿。

需要谁提供哪些协助：＿＿＿＿＿＿＿＿＿＿＿＿＿＿＿＿。

第 4 章

敏捷的日常管理

道也者，不可须臾离也，可离非道也。

——《中庸》

▶ 章首故事：道路即山顶

"这么高！什么时候才能爬到山顶啊？"我站在武夷山天游峰的山腰，望向两边陡峭的悬崖，双腿不由自主地微微发抖。本是顺路游玩，此刻我的脚步却愈加沉重。

"真是太美了！"声音从上方不远处传来，我奋力登上几步，靠着岩石边的栏杆俯瞰下去。只见一条玉带蜿蜒盘绕，碧水丹山，如画卷一般，美不胜收。此处视角绝佳，真不枉我一路的惊险攀登。就这样，伴着一路欢呼，我的行程惊险不断，惊喜不停。峰回路转间，眼前不断展开别样的山水画卷。

不知不觉间，我已到达山顶。清风拂面，环顾四周，我感到十分畅快，然而最难忘的还是途中的惊艳美景和内心体验。此刻，我深深体悟那句话："道路即山顶！"

实现 OKR 目标的过程，就像攀登山峰一样。当你仰望目标，对挑战心生畏惧时，便会感觉步履沉重。而当你能够坚定心中使命必达的方向，同时又能全然投入地去感知、体验，专注于每个当下，这时脚下的每一步都会化为胜利的山顶。现在，准备好了吗？让我们一起为途中的每一次进步而欢呼吧！

4.1　建立持续的纪律要求

4.1.1　实现 OKR 太难了，如何提高团队执行力

"线上营收增长还是上不去，数字化工具没有支持到业务啊！"领导把报表递给小马，请他给个交代。

小马很无奈。他最近都快忙疯了，因为多个项目同时开展。数字化转型项目的阶段目标明确且技术难度不大，所以他就没太关注。只要团队把工作推进好就不会出问题，可是团队似乎不太给力[①]。怎样才能让大家自动跑起来呢？这可真让人头疼！而另一方面，项目团队的小伙伴们还时常感到迷茫。

为什么会这样呢？因为完成了 OKR 设定并不等于就大功告成，关键在于如何实现目标！这也是团队领导者们需要普遍关注的问题。如表 4-1 所示，我们最需要的不是事后的**追责机制**，而是团队的即时**反应机制**。完善的 OKR 追踪机制恰恰就是一种团队的即时反应机制。

表 4-1　追责机制与反应机制对比表

追责机制	反应机制
事后反应，面对过去	即时反应，面对当下

---

① 网络流行词，表示有帮助、有作用。

还记得我们对 OKR 的定义吗？OKR 是激活团队的战略执行工具，也是一套严密的思考框架和持续的纪律要求。此前，我们已了解如何设定严密的思考框架，点燃团队成员内心的意义感。接下来，我们将继续学习如何通过持续的纪律要求，使团队自主运转，从而实现挑战性的 OKR 目标。

4.1.2　完整的 OKR 运作机制

对很多团队来说，追踪全年的总体目标令人感觉过于遥远且无从下手，小马的团队也有此感受。

而实际上，OKR 是一种持续的纪律要求。它既要求有远大的目标引领，又要求将团队的专注力不间断地集中在每个当下最关键的事情上，这样才能持续推进目标的达成。但很多团队恰恰没有建立起这样的机制，或者建立起的机制存在疏漏或欠缺。

小马："请问完整的机制应该是什么样的呢？"

镜子教练："完整的机制包含双轮周期与三重节奏。"

接下来我将对图 4-1 所示的要素展开解释。

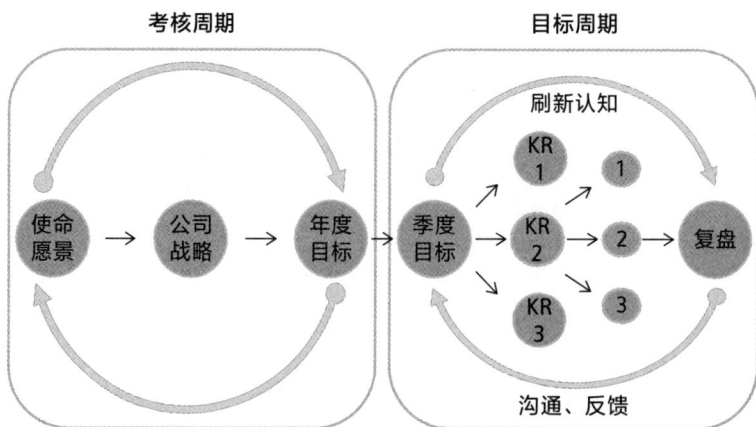

图 4-1　OKR 运作机制

4.1.2.1　双轮周期

双轮周期分别指考核周期与目标周期。

考核周期的目的是评估部门或项目是否有力地支撑了战略的达成，其验证时间相对较长，但却往往是高层关注的重点。一般而言，考核周期设定为全年或半年，才能更好地体现出对战略的支撑度。

那么，什么是目标周期呢？目标周期是团队发挥自主性的主场。在年度OKR目标之下，团队还应设定更聚焦的短期目标，即通过滚动式的季度OKR目标或双月OKR目标，不断推进年度OKR目标的达成。两种周期的对比，如表4-2所示。

表4-2　OKR的双轮周期

	考核周期	目标周期
目的	• 评估业务是否有力地支撑了战略的达成是高层关注的重点	• 通过更聚焦的、相对短期的目标，滚动式地推进年度目标的达成
时长	• 考虑行业变化节奏，一般为全年或半年	• 需要匹配业务节奏，通常为季度目标或双月目标

那么，小马的领导所关注的线上营收增长是什么呢？

小马："应该是考核周期的目标。"

镜子教练："没错。再看看你的团队双轮周期都齐全吗？"

小马："好像我们只有年度考核目标，没有季度目标，怪不得大家总觉得无从下手！"

镜子教练："是的，只有考核周期而无目标周期，大家就失去了应对挑战的着力点。因此，你还需要调节焦距，让大家在每个季度都能看清前方的路。如果焦距太长，方向太模糊，大家就不知道从何处发力了。"

镜子教练提醒： 双轮周期包括有效的考核周期与目标周期。保持双轮周期结构的完整，我们才能确保战略方向与团队业务的一致。否则，如果只有长期的考核周期，而缺少短期的目标周期，团队的梦想就容易沦为幻想而无法实现；反之，如果只有短期的目标周期，而缺少长期的考核周期，团队则会疲于奔命而迷失方向。

2022 年 5 月，谷歌发布了升级后的 GRAD 体系，将半年考核调整为一年考核。谷歌调整的是什么周期呢？不是目标周期，而是考核周期。谷歌的目标周期依然保持每季度转动一次，并没有改变。他们将考核周期的转速调慢了。随着对人工智能新技术方向的探索，谷歌员工对考核制度的不满日益加剧。谷歌内部调研发现，半年度考核无法为团队指引正确方向，反而束缚了团队的创造力，让团队疲于应付。因此，谷歌需要重置有效的考核周期，给团队更长的时间，去验证创新业务对人工智能战略的有效性。

小马："明白了。双轮周期一个都不能少。那么如何设置有效的双轮周期呢？"

在考核周期的设定上，我们需要充分考虑行业发展的确定性和战略方向的清晰度。在稳定发展阶段，考核周期可以短一些（如半年）；在模糊探索阶段，考核周期则需要相对长一些（如一年）。谷歌 GRAD 系统的升级就很好地说明了这一点。

在目标周期的设定上，我们则需要匹配自己的业务复杂度与成熟度。对于简单的、不成熟的业务，可以考虑月度或双月的目标周期，以"大力出奇迹"[①]

---

① 网络流行语，主要表示通过巨大力量或努力实现看似不可能的事情，或者产生意想不到的好结果。

的方式快速验证与推进；对于较为成熟复杂的业务，可以设定季度的目标周期，让团队得以更深入地探索新的增长点。

2023 年 2 月，字节跳动将一直使用的双月 OKR 周期调整为季度，其调整的逻辑是一致的。以下援引"界面新闻"对此事的报道：

字节跳动联合创始人梁汝波在内部信中指出，公司现在的大部分业务相对成熟复杂，双月变化不明显，回顾周期可以更长。他同时提出一套灵活应变的原则：当业务快速变化或者处于关键时期，可以选择在季度中增加一次回顾和对齐会议；业务变化较慢，可以选择两个季度开一次会议。总体减少会议频次后，也可以增加一些主题会议，让讨论更深入。过去几年，字节跳动有一套精准算法，用于计算每个业务团队的成本和产出（日活跃用户数或收入）。这套方法论和考核方式成为其旗下的抖音、今日头条等产品高速增长的基础。字节跳动在该阶段设定相对频繁的双月 OKR 目标，帮助团队成功抢占市场。但当全行业增长红利见顶时，抖音、今日头条等成功产品的增长越来越难，频繁的数据驱动让许多员工疲于应付，效果适得其反。而在其他探索性的新业务中，双月考核容易导致团队短视，缺乏对长远发展的耐心，甚至使得员工被无效内卷裹挟。

小马："我也关注到了字节跳动的变化。为何不改为半年周期呢？或者干脆将两个双月周期合二为一，变成四个月的周期呢？"

镜子教练："别忘了焦距的问题。如果目标周期过长，团队就无法看清脚下的路，无法聚焦于当下重点。那样，有效的路径和资源就不能得到及时调整。"

那么，以你们的行业现状和业务节奏，适合的目标周期又是怎样的呢？

小马："我认为还是季度目标更合适。虽然领导只关注考核周期内的营收增长目标，但我们团队还是需要设定阶段性的聚焦点，用不断更新的季度目标去推进总体目标的达成。"

镜子教练:"没错。"

镜子教练提醒: 我们需要同时发挥考核周期和目标周期的双轮驱动作用,确保与战略目标的一致性,同时也保证战略目标实现过程的有效性。

4.1.2.2　三重节奏

接下来,再来说说三重节奏。

小马:"在创建了更聚焦的季度目标后,该如何实现这个非常有挑战的短期目标呢?"

镜子教练:"我们还需要配合三重节奏,即每月追踪目标进展、每周调整团队计划、每天统一行动配合的步调。有了这三重节奏的持续动态支撑,团队才能自主跑起来,去实现每个阶段的目标。"

小马:"还真是持续的纪律要求啊!我们过去只关注目标,缺少动态的推进过程,现在确实需要一套完整的机制来推进目标达成。"

4.1.3　实战案例:传化集团农科项目

传化集团农科事业部浦阳项目团队肩负着乡村振兴的时代使命,积极探索政企村融合、激活乡村发展的新模式。自 2023 年 6 月正式引入 OKR 以来,经过半年的应用,项目团队已取得第一阶段的成绩。

在第一季度 OKR 回顾中,项目团队根据变化调整了下一季度目标,以更好地达成全年的总体战略目标。在意外遭遇了极端多雨天气后,为确保建设质量和效果,团队适当调整了项目进度;同时,考虑到最终效果,"开村"仪式的时间也进行了慎重调整。这些做法完全符合"聚焦总体方向，保持过程灵活"的OKR 精神。

在项目追踪上，该团队采取"两会一志"的方式。项目团队每周一上午召开一个半小时的运营周会，将市场、招商、行政、财务等跨部门间的信息进行拉通，同时部署安排一周的工作。此外，围绕专项工作，召开专门的会议进行推进。每次会议后形成纪要，清晰列出本周工作，待周六再追踪执行效果及背后原因，以此方式滚动追踪。

传化农业乡村公司总经理陈科称："除会议外，我还要求团队全员写周志。我们的周志很简单，清晰列出重点即可；我们对每次的周志都会公开点评，大家都可以看到。"

至此，该项目团队的 OKR 机制已初步建立，透明拉通与滚动追踪做得非常棒，值得借鉴！

镜子教练提醒："大轮引领小轮跑，小轮推动大轮转。"双轮周期与三重节奏的机制是团队 OKR 有效运作的保障。双轮周期中的考核周期确保团队的努力能够有效支撑战略目标的达成，目标周期则确保战略目标的阶段性推进。而三重节奏则通过每月、每周、每天，奏响目标、计划与行动的交响曲，让团队自主运转，跑出自己的节奏感，进而达成目标。

因此，如果团队的 OKR 无法落地，记得排查双轮周期与三重节奏的完整性。

本节练习

你可以基于以下三个问题，诊断团队 OKR 追踪机制的完整性。

Q1：你的团队考核目标如何体现对战略的支撑？考核周期是多长时间？足以验证战略支撑的有效性吗？

Q2：除了考核周期外，你的团队是否还设定了更短周期的目标？该目标周期与业务节奏的匹配度如何？

Q3：你的团队是如何进行每月、每周、每天的动态推进的？

行动计划

基于以上团队追踪机制的现状，你的团队需要重点补充的是：

_____

_____

因此，在后面的几个相关章节中，你需要重点关注和转化的内容是：

☐ 4.2　敏捷迭代，今天你小步快跑了吗

☐ 4.3　善用 OKR 看板，开好 OKR 会议

☐ 4.4　团队交互，营造群智涌现的氛围感

☐ 6.2　激励成果，优化物质激励机制

4.2　敏捷迭代，今天你小步快跑了吗

4.2.1　客户不买账，到底谁的错

"唉，努力了几个月的智能车图像识别解决方案，临到最后一刻被客户否决了，理由竟然是做得太好了？简直无法理解。"

小王是小马的大学同学。此刻，他猛喝一口啤酒，继续说道："客户说，做得无可挑剔，只可惜他们用不上。你说这是什么道理？"

"太不可理喻了！"小马深有体会，"我还不是一样？我的内部客户也总是在最后一刻才说，这不是他想要的！"

小王叹道："是啊，为什么不早点说呢？浪费了我们多少个通宵啊？"

此刻的小马和小王恨不得抱头痛哭，他们都被深深的无力感包围了。不过，在如今这个充满模糊与不确定的时代，能想清楚自己要什么且不变卦的客户，恐怕算是稀有物种了。难道我们只能忍受反复做无用功的现实吗？

有没有一种新的可能？我们既可以满足客户需求、达成目标，又能够灵活应对过程中出现的各种问题？这就需要我们告别过去僵化的工作方式，建立更加敏捷灵活的新模式。

接下来，我们将了解敏捷的日常管理方法，避免工作中的大量浪费，提升整个团队的效能，从而实现真正的降本增效。

4.2.2　认知敏捷，避免三类浪费

敏捷管理的精神源于精益管理，而精益管理起源于日本丰田，其核心精髓就在于避免以下三类浪费[①]。

- Muri：无理，功能过载。

- Mura：无稳，生产运作不平衡。

- Muda：无驮，未体现用户价值，浪费资源。

---

① 敏捷之父杰夫·萨瑟兰在《敏捷革命》一书中阐释了敏捷管理对精益精神的继承，并详细阐述了无理（Muri）、无稳（Mura）、无驮（Muda）三类浪费。

什么是功能过载呢？ 就是在不必要的地方过度投入造成的浪费。现在请打开你的手机，看看有多少从没用过的应用程序？它们都是功能过载的体现，会浪费你的电量和流量。

小马："对手机厂商来说，手机摄像头越装越多，这也是功能过载造成的浪费，是竞争中的无效努力。"

镜子教练："没错！这是产品设计上的功能过载造成的浪费。"

你在工作中有没有功能过载呢？它会让你错误地把更多的资源、时间和精力浪费在无关紧要的地方。当你对同一个需求过度投入，把所有的箭都射向同一个靶子，而在瞄准其他靶子时，却发现无箭可射。功能过载会造成严重的资源错配。

什么是无稳、生产运作不平衡的浪费呢？ 它因变化而起，指的是由于过程中的信息不透明、对齐不及时而造成的浪费。例如，客户的需求变了、领导的想法变了，而你是最后一个得到消息的人，这时距离交付期限只剩下几小时。你不仅在错误的方向上浪费了精力，还错失了认真思考、创造性解决问题的良机。生产运作不平衡造成了时间、精力的巨大浪费。

有时，这种浪费还直接体现在真金白银的损失上。我接触的一家服装公司，曾因换季设计的变更沟通不及时，导致错误的原材料堆满了仓库。生产运作不平衡让公司浪费了大量的金钱、人力和物力，而不得已的清仓处理让公司蒙受财务损失，品牌形象也受到了严重损害。无稳的浪费值得引起我们的警惕。

尤其在今天这个时代，信息协同滞后的影响更加不容忽视。就像赫拉克利特所说："人不可能两次踏进同一条河流。"但很多人却迷失于快速流动的信息中，被动地为昨日的河流错付精力。

什么是无驮的浪费呢？ 就是未体现用户价值而造成的浪费。例如，一款手机产品的目标用户群体是户外发烧友，他们喜欢信号强大、耐摔抗造的手机，而你却偏要拼价格，结果价格低到地板上，却还是无人买单，明显没有击中目标用户的基本需求。人们对用户需求的失焦导致产品价值的脱靶，而代价是整个产品线的无效投入。

小马："我明白了，小王的客户流失，就是因为未体现用户价值。"

镜子教练："没错。让我们仔细看看，小王的实践中还有哪几种浪费呢？"

小马："哇，竟然三种都有！哈哈。"

小马："小王的客户可调用的算力非常有限，他们真正在乎的是运用有限的算力对图像进行最优处理，以支持无人驾驶中的安全决策。如若不能满足此核心需求，即使代码再漂亮、画面再精美，也无法打动客户。因为客户的核心需求没有被满足，对他们来说这就是高成本的浪费。"

镜子教练："没错！"

可见，在没有抓住客户的基本需求及优先级排序的情况下，就盲目地全面推进是一种非常愚蠢且冒险的行为。

小马："除了以上无驮的浪费，小王还有无稳的浪费。他没有为客户在过程中的变化预留空间，并未不断地确认，而只顾自我陶醉。如果能够时不时跟客户确认方向和新变化、新发现，最后也不至于那么崩溃。"

说着说着，小马好像看到了自己，"好像我也和小王一样被动，我也需要调整工作模式了。"

镜子教练提醒：身处模糊多变的环境中，我们需要告别僵化的工作规划，更灵敏地去感知，更快速地去响应。正如我们在 MOKR 的思考框架中所明确的，像守护心中的北极星一样，坚守我们的价值定位，并时不时抬头辨认下个阶段的前进方向，保持过程中的弹性与活力。

尤其在面对挑战性的目标时，我们更不能过度依赖经验主义，而需要分割时间单元，不断将团队的专注力聚焦在当下最优先的事项上，并逐一验证，滚动推进。我们需要面向目标中的 O 和 KRs，滚动更新每月、每周的计划，并对每天的团队冲刺行动进行紧密、灵活的协同，拿到每一个最小时间单元的可验证成果。这就是"从大处着眼，从小处着手，快速学习，灵活迭代"的敏捷原则。

4.2.3　锁定最小可验证单元 [①]

小马："可是我们的目标太有挑战性了，要做的事情从来没做过，资源却很有限，该怎么办呢？"

在探索未知领域时，我们很难仅凭经验做出判断，也难以对资源进行精准预估。在这种情况下，明智的做法是尽量小步快跑，以最低成本进行验证。抓住每个最小可验证单元，取得验证成果。

让我们引入一个经典的敏捷概念——MVP（Minimum Viable Product，最小可行产品）。从广泛意义上讲，我们可理解为最小可验证单元。一个非常典型的 MVP 来自埃隆·马斯克的 SpaceX（太空探索技术公司）。他们以最低成本测试火箭可回收技术，进而验证了以有限资源实现火星移民计划的可行性。

如果说未经验证的想法只是天马行空的幻想，那么经过 MVP 的验证后，它便会蜕变为照进现实的梦想。在不断验证中推进梦想的实现，是每一次 MVP

[①]　安德鲁·斯特尔曼和珍妮弗·格林在《学习敏捷：构建高效团队》中，对 MVP 进行了大量阐释。

的核心意义所在。

据媒体报道，2023 年 4 月 20 日，SpaceX 的星舰火箭在飞行约 4 分钟后，在空中爆炸了。价值 200 多亿元的"大烟花"直接爆炸了，然而现场直播的全体工作人员却欣喜若狂、鼓掌欢呼。此次火箭点火发射本身被视为"一次成功的试验"，工程师团队将在收集的数据基础上继续推进工作，为下一次试射做准备。SpaceX 公司创始人马斯克在推特上对此次爆炸作出回应："在一次令人兴奋的'星舰'测试发射后，祝贺 SpaceX 团队！为几个月后的下一次测试发射学到了很多东西。"

时间回到 17 年前的 2006 年，SpaceX 的猎鹰 1 号火箭首次发射失败，公司遭受了全网的嘘声与冷嘲热讽，马斯克本人也经历了人生中的至暗时刻。而在此后的十余年里，SpaceX 通过一次次的测试，证明了其宏大方案的可行性，逐步积累了丰富经验和一个个小胜利，最终赢得了美国国家航空航天局及众多投资人的信任。而更具价值的是，SpaceX 在多年的尝试中沉淀出无可匹敌的测试机制与容错文化。

小马："这点对我太有启发了。面对一个宏大的项目，最大的障碍其实是团队中的各种声音和大家心中的疑惑。如果可以用最小成本去验证方向的可行性，一定能够快速提振团队的信心，让大家勇于应对挑战。即使验证失败，也会为我们指明下一步的方向。"

镜子教练提醒：如果遇上难啃的硬骨头，那就尽量切成小块吧！让团队专注于攻克每一个 MVP！

小马："嗯！我得赶紧找小王聊聊，我们都得改变一下工作方式，再也不能闷头苦干了。"

4.2.4　敏捷计划的参考步骤

小马："我们该如何敏捷迭代，以避免三类浪费呢？"

镜子教练提供了以下三个步骤，供小马和小王参考。

4.2.4.1　敏捷计划的三个步骤 [①]

1.从用户价值出发，明确总方向，避免见木不见林（明确目标与成功画面）。

2.选择性思维，由团队自主决策优先级（关键成果的优先级排序）。

3.发布路线图，锁定 MVP（阶段性计划中的测试成果）。

经过重新思考，小王决定先与客户达成共识，明确项目的终极出发点，挖掘客户最真实的需求，并共同确认项目的目标方向，区分关键成果的优先级排序，锁定第一个 MVP。这个 MVP 也许只是一个微小的原型，但小王团队需要在短时间内集中力量做出，并用它来验证此方案能否在有限算力下满足客户的核心需求。然后再与客户确认下一步的决策点，并更新下一步计划与人力投入。在此基础之上，通过不断迭代，推进目标的达成。

"相信这样做，小王一定可以避免过程中的浪费，快速奔跑在他的北极星路线上。"

小马："我的项目团队也需要调整工作方式。在数据库项目中，我们想一口气把项目做到完美是不可能的。我们同样需要抓住最核心的业务逻辑，验证数据对关键决策的支撑，再逐步完善并扩大任务范围。我们的 MVP 可以小到对单个业务流程的测试，从细微之处去验证，撬动线上营收的增长。"

"这是非常棒的反思！"

---

① 关于敏捷计划的步骤，《敏捷革命》和《学习敏捷：构建高效团队》中均有详细介绍。此处结合 OKR 的思维进行了简单提炼，并呈现了应用场景。

4.2.4.2　敏捷计划自查清单

最后，提供一个小工具，帮助你自查。看看你是否做到了敏捷计划，如表4-3 所示。

表 4-3　敏捷计划自查清单

不要	要
• 追求完美，一次性规划到底	• 灵活应变、滚动式更新，在过程中敏捷地做出调整
• 只顾埋头做事，忘记抬头看天	• 不断切换视角去对照总体方向
• 注意力仅停留在长期目标上，找不到着力点，只能努力喊口号	• 切成小块，专注在每一个当下要解决的关键问题，快速向前推进
• 依赖经验主义	• 快速验证、快速学习、敏捷迭代

> **本节练习**
>
> 你可以基于以下四个问题，快速诊断团队的敏捷日常管理情况。
>
> Q1：你的团队在日常管理中，存在哪些 Muri（功能过载）、Mura（生产运作不平衡）、Muda（未体现用户价值）的浪费？
>
> Q2：你的团队会多久对照总体方向进行一次计划调整？
>
> Q3：有哪些措施帮助大家聚焦于每个当下的困难，锁定当下最有价值的聚焦点？
>
> Q4：大家是习惯于按照经验去推进工作，还是不断探索最低成本的 MVP？

> **行动计划**
>
> 基于以上团队日常管理的现状，我打算＿＿＿＿＿＿＿＿＿＿＿＿＿＿＿＿＿。

开始时间：_____，结束时间：_____。

产出成果：_____。

需要谁提供哪些协助：_____。

4.3 善用 OKR 看板，开好 OKR 会议

4.3.1 好几个聪明脑袋，竟想不出一个好主意

"老大，能不能加点人手呀，实在忙不过来了。"

"是啊，现在我们天天都在加班。"

"这目标也太有挑战性了，根本没办法达成。"

小马本想召集项目组成员讨论解决方案，谁知大家不仅没给出建议，还开启了集体吐槽①模式。"问题没解决，项目进展也毫无突破。到底该怎么办呢？"小马心中一团乱麻。

那么，怎样才能真正做到群策群力、有效突破呢？

4.3.2 突破性决策（DIKW 决策模型）

相信很多领导者都曾遇到过类似困境，为何大家面对挑战手足无措呢？很大一部分原因在于信息差。因为大家掌握的信息太有限，所以很难找到解决问题的突破口。

小马："对，我们团队得到的信息就很不充分。只知道领导对营收增长不满

---

① 网络用语，指以幽默、讽刺和戏谑等方式，发表不满的言论和意见。

意，但仅凭一条数据，怎么解决问题？"

我们所知道的，真的是我们所知道的那样吗？面对支离破碎的信息，即使是聪明的物理学家也会感到绝望。而当团队不明真相时，如何进行有效决策呢？难怪几个脑袋凑在一起，也想不出一个好主意。

镜子教练提醒： 有效的决策需要经过四层分析与整合，它包含了数据（Data）、信息（Information）、知识（Knowledge）和智慧（Wisdom）。我们将这四层的整合简称为 DIKW 模型，如图 4-2 所示。这就意味着一次成熟的决策过程需要经过四个环节：收集与分析数据、洞察有价值的信息、提炼或综合运用专业知识以及做出充满智慧的决策。

该模型被微软、谷歌等科技公司用于训练人工智能的学习与决策能力。基于对海量数据的分析、信息的提取以及知识的提炼，没有生命与灵性的人工智能将以惊人的速度生成类似于人类的决策智慧。假如我们可以将该模型应用于充满生命力的团队决策中，又会带来什么样的改变呢？

图 4-2　DIKW 决策模型

现在，小马的项目团队要如何做呢？

小马的项目团队在收到"没有支撑业务增长"这条信息含量有限的反馈之后，不仅要去查看营收数据，还需要收集更多细分数据。他们要分析：店铺的浏览量是否不够？产品页面的点击量是否不足？哪类用户的过程数据较好？哪类用户的过程数据较差？用户的购买转化意愿如何？甚至通过用户评价的内容，归纳用户吐槽的重点……

有了充分的数据支撑，才能进一步促进洞察，提炼有价值的信息，判断到底在哪个环节出了问题。确认下一步的重点是提升算法推荐的精准度，还是提高页面的吸引力？又或者在目标用户的引流上？还是对客服人员的深度支持上？再综合运用每位成员积累的专业知识，讨论最恰当的做法。这才是有效解决问题的决策过程，而小马的团队显然缺少必要的深度分析过程。

小马："对！我们跳过了向下挖掘数据、分析数据的过程，只能把问题归因于人手不足这样的客观情况，太草率了！"

镜子教练："是的！缺少了冰山下面的数据和信息支撑，大家的专业知识就无从发挥。"

小马："是的，再聪明的脑袋也需要投喂养料，才能想出好主意呀！"

小马："不过，如何确保分析的有效性呢？"

这是一个好问题。因为我们所面临的是一个动态发展的过程，而静态的数据和信息自然会存在落差，这就提升了有效决策的难度。因此，我们需要借助三张看板与三次 OKR 会议，来缩小信息差，提高决策质量。

4.3.3　三张看板与三次 OKR 会议

面对复杂问题，任何人都难以凭借局部的、单一的视角和极其有限的信息做出正确决策。为了在过程中快速突破、高效推进，我们需要用好三张看板和开好三次 OKR 会议。其中，三张看板包括：目标看板、计划看板和行动看板；三次 OKR 会议包括：目标回顾会、周计划会和团队站会。

三张看板用于打通 DIKW 模型下方的 DI 两层（数据和信息），帮助团队及时同步变化；三次 OKR 会议则用于整合 DIKW 模型上方的 KW 两层（知识和智慧），促进团队进行高效决策。

接下来，我们来讨论如何用好三张看板和开好三次 OKR 会议，把团队的专注力集中在当下最有价值的事情上，如图 4-3 所示。

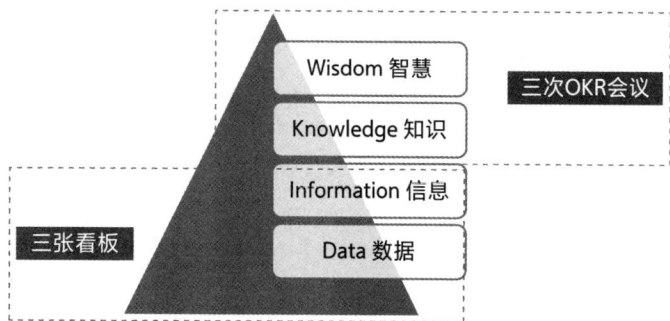

图 4-3　三张看板与三次 OKR 会议

4.3.4　用好三张看板，帮助团队同步变化

先讨论三张看板（目标看板、计划看板和行动看板）的用法。

小马："我要把三张看板放在哪里呢？"

镜子教练："可以放在透明的系统里，也可以展示在开放办公区内。"

对于规模较大的团队或异地办公的团队，用透明系统来同步展示看板最为方便。而对于本地办公的中小团队，我更推荐在物理办公环境中呈现看板。这可以让团队成员时刻浸泡在与实现目标相关的环境中，让每个人的潜意识都变成信号接收器，灵敏地接收动态变化的信息，而这是团队进行快速决策的基础。

4.3.4.1　目标看板

目标看板的更新周期为月度。在目标看板中，我们可以运用红绿灯标志，对目标进展情况进行可视化呈现，令大家一目了然。

"哦，××客户已签合同了。"

"啊，采购需要准备启动了。"

"呀，交付进度亮红灯了，几个部门得赶紧碰个头，讨论如何攻克难关了。"

在目标看板中，我们可以清晰了解团队的整体 OKR 目标进展，哪些地方值得关注，并通过 OKR 会议及时调整下一步策略，如表 4-4 所示。

表 4-4　目标看板示例

序号	目标内容	负责人	挑战性打分	进展描述	进度红绿灯	
O1	• 提升每位用户的平均观看时间	—		• 每位用户周平均观看时间由 20 分钟提升至 150 分钟	●	90%
KR1	• 提升每天 ×× 分钟的观看时间	• 产品	• 0.7	• 与内容团队协作，每日更新内容 1000 条以上，每位用户日平均观看时间从 3 分钟提升至 20 分钟	●	20%
KR2	• 推出两个新的操作系统的 YouTube 客户端	• 产品	• 0.5	• 与技术部合作开发新操作系统及手机客户端，手机客户端未通过测试，预计未来 2 周完成迭代发布	◐	60%
KR3	• 降低 ×% 的视频加载时间	• 产品	• 0.7	• 与技术部排查问题，调整清除 70% 的漏洞，加载速度从 30 秒降低至 5 秒	●	80%

小马："目标看板太有必要了！最可怕的不是有问题，而是有问题却没有及时引起重视，最后一刻才发现交了白卷。有了 OKR 目标看板，就没人能再粉饰太平了，而且不需要别人来敦促，大家自己就能够及时发现预警信号，主动聚焦问题了！"

镜子教练："是的！目标看板就是要让 OKR 的真实进展有迹可循！"

4.3.4.2　计划看板

再来说说计划看板，计划看板上展示的是每周更新的计划，我们需要及时调整以适应当前变化。

小马："我们用项目管理工具来做计划，把每个任务的进度、大概用时都排好。不过，当计划有变时，如未及时同步到他人，那就很麻烦。比如内部客户改主意了，同事甲做出了调整，而同事乙却还在延长线上奔跑，做了好多无用功。希望使用计划看板可以避免此类协作冲突和资源浪费。"

如表 4-5 所示，在计划看板中，每个人都会按照固定的节奏及时更新变化、及时同步和及时对齐，并在 OKR 会议中共同商讨，以做出相应的调整决策，避免变化无人知晓的情况发生。

表 4-5　计划看板示例

计划事项	所支持目标	负责人	预计完成时间	预计成果	所需协作
完成产品原型设计	• O2KR1 产品上线	• 张三	• 9 月 25 日	• 基本功能完成，收到客户反馈	• 李四召集种子用户内测
小范围召集种子用户提供反馈	• O2KR1 产品上线	• 李四	• 9 月 28 日	• 收集 50 位核心用户的有效反馈	• 张三提供发布信息、王二分析反馈报告
分析用户反馈报告并提供下一步方案	• O2KR1 产品上线	• 王二	• 9 月 29 日	• 用户反馈报告、下一步行动建议	• 张三、李四共同讨论下一步行动建议

小马继续问："嗯，这样做更加合理。那么第三张看板呢？"

4.3.4.3　行动看板

第三张看板是行动看板，行动看板的更新频率是每天。每天，团队成员会用三个栏目来区分哪些任务已经完成、哪些工作当天要做，以及还有哪些是本周即将开展的工作。每个人都会把个人任务贴在这三个栏目中，让大家对当天的协作任务一目了然，并更好地协同，如图4-4所示。

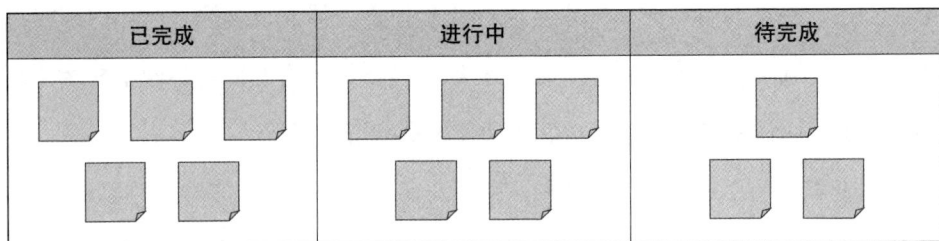

已完成	进行中	待完成

图 4-4　行动看板示例

4.3.4.4　三张看板协同作用

经过以上对目标看板、计划看板和行动看板的介绍，现在你能说出三张看板分别起到什么作用吗？

小马："让我回忆下……目标看板让团队每月同步目标进展情况，及时采取有效措施；计划看板让团队每周更新计划，快速同步对齐；行动看板让团队每天同步行动，对齐动作，加强协同。"

镜子教练："完全正确！"

目标看板、计划看板、行动看板，三张看板让团队能够及时看见变化，快速调整步调！

4.3.5 开好三次 OKR 会议，促动团队高效决策

如何做出正确的战术调整呢？我们还需要借助三次 OKR 会议，促成团队的高效决策。

在纷繁复杂的变化之中，要想快速调整一致、同步节奏，我们还需要把所有人的专注力聚焦在当下最有价值的事情上，做好当下的决策。因此，我们需要基于三张看板，开好"目标回顾会、周计划会以及团队站会"这三次 OKR 会议。

4.3.5.1 目标回顾会

目标回顾会的频率是怎样的呢？通常我们会在目标周期的中期和末期各开展一次回顾会。如果你的 OKR 目标周期是季度，那么可以在一个半月和季度末各开展一次。有些团队选择每月回顾一次。选择哪种频率取决于业务需要的追踪紧密度。

目标回顾会的重点内容除了追踪目标进展，还包括对工作方向的反思。遵循心中的北极星，我们当下的努力是否有意义？我们是否还在正轨上？有没有跑偏？这样的定期反思，可以确保团队不迷失方向。

4.3.5.2 周计划会

周计划会的目的是：根据每周实战中遇到的实际情况，同步信息、共同决策、调整计划。

4.3.5.3 团队站会

团队站会的目的是调整每天的步调。它用时很短，10~15 分钟就可以让大家迅速拧成一股绳，投入紧锣密鼓的战斗中。因此，在团队站会中，不需要流

水账式的汇报。每位成员会提前浏览行动看板上的三类行动（已完成、进行中、待完成）。会议中，每人仅回答三个简短问题即可。

- 我已做了什么帮助团队目标的达成？
- 我今天打算做什么帮助团队目标的达成？
- 我遇到哪些困难，需要什么样的支持？

小马："只说重点，不报流水账，这的确很高效！"

镜子教练："是的。我们要让每位成员都来一起敲黑板、划重点、提出明确的需求，这样真正的协同才会发生。"

小马："我也要开启团队站会，让大家每一天都形成精彩的配合！"

4.3.5.4　如何在周会中高效决策

如果领导者们能够开好三次 OKR 会议，又会如何呢？那么他们将能引导团队把握好每一次机会并做出高效的决策，而这必将高效地推进目标的达成。

小马："听起来不错！不过怎么开好 OKR 会议呢？尤其周会最让人头疼，每周都开却解决不了问题，大家开得也没劲。"

镜子教练："我们需要在明确的聚焦基础上，做好会前准备、会中流程和会后追踪，让我们来一一展开。"

会议焦点

周计划会是 OKR 推进过程中，进行灵活决策的关键支点。周会一般控制在一个半小时以内。周会太短不足以完成充分的讨论，百米冲刺一样的仓促决策往往令大家来不及充分地暴露问题、认识问题，并深入思考决策，这会给未来埋下随时可能引爆的地雷。同样，我也不建议把周会开成马拉松比赛，这会让大家过度透支体力，让周会的小轮子难以持续转动。

还记得周计划会的目的是什么吗？

小马："是为了做出更好的决策，调整周计划，以推动目标的达成。"

镜子教练："没错！"

为了进行高效决策，我们需要打通 DIKW 模型的各层结构，如图 4-5 所示。OKR 周会的流程会围绕以下四个象限来展开：对目标的信心指数、重要的运营数据、本周计划、后四周计划开展的活动。这四个象限[①]呈现了与计划相关的信息和整体状态的数据，既涵盖了过去的变化，又包括对未来的预判，重点则是对当下行动计划的反思。

本周计划	信心指数	
P1	O1 销售额	5/10
P2	O2 产品上线	2/10
P3	O3 用户数	1/10
未来四周待开展项目	健康指数	
项目 1　项目 2	新拓渠道数	
项目 3　项目 4	AB 级渠道数	

图 4-5　OKR 周会模板示例

那么，最终产出应聚焦在哪个象限呢？

小马："哦，应该是左上象限，产出本周计划。"

镜子教练："没错！"

---

① 克里斯蒂娜·沃特克在《OKR 工作法：谷歌、领英等顶级公司的高绩效秘籍》一书中，对 OKR 周会中的四象限法进行了详细阐释。

会前准备

为了高效地做出决策，我们需要在会前进行充分准备。每位团队成员会按四个象限进行输入，提供决策所需的充分数据（D），同时提供个人与整体、现在与未来的视角。这样我们才能在会议中充分讨论其背后的信息（I），并结合大家的专业知识（K），针对本周计划调整做出合理决策（W）。

电影《头文字D》里，秋名山车神能够一战封神，离不开其对仪表盘、远光灯、近光灯、倒视镜等工具的熟练使用和领航员提供的实时信息通报。赛车手可以据此判断路况，并对下几段路线进行提前预判。而最精彩的是，当数据提示报警，赛车接近极限时，赛车手能够在千钧一发之际做出最佳反应。那么，团队的封神时刻呢？也就在依据数据报警，做出明智决策的那一刻。

小马："我明白了，周计划会就是团队用脑力完成的一场热血拉力赛，好期待这样精彩的周会啊！"

会中流程

正式的周会如何开展呢？我们将围绕四个象限内容，对本周计划进行三次调整。

第一步：分享信心指数与原因，讨论本周计划调整。

第二步：扫描未来活动，再次调整本周计划。

第三步：扫描运营数据，复次调整本周计划。

第一步从右上象限开始，它呈现了大家对团队目标的信心，以共同的关注来开启共同决策。再结合前几周的信心指数变化，我们会发现很多有价值的信息。比如，对 KR1 的信心指数比上周有所提升。为什么呢？因为张三刚拿到某大客户的意向书，于是所有团队成员都知道了这个最新进展。而 KR2 的信心指数则连续几周停滞不前，李四说出了背后的原因，因为数据清洗需要大量人手，短期内无法攻克。这样，大家及时关注到了问题的卡点。对信心指数的变化展开讨论，让我们快速同步最有价值的信息和容易被忽略的最新变化。

在了解信心指数变化的原因后，我们就可以对本周计划进行第一次调整，即哪些计划已没必要存在，而哪些计划需要被提上日程。这就像开车时及时调整油离配合，如果一脚油门踩到底，不仅无法抵达目的地，还会令团队陷入险境，因此第一步及时调整必不可少。

第二步，我们通过扫描未来即将开展的项目，对本周计划进行再次调整。如果下一个路口就要转弯，那就要开始打方向盘了；如果马上就要上下坡，那就要开始踩油门或刹车了。对未来活动的预判会直接影响我们本周计划的调整。有哪些需要增加的？哪些需要减少的？哪些需要合并的？怎么做才能更加丝滑地衔接？我们都需要做出明智的判断。

第三步，我们需要扫描运营数据，看看仪表盘上的数据是否健康。这些数据也被称为健康指数。健康指数往往没有出现在 KRs 当中，但当呈现团队是否健康运行的现状时，它是隐藏于黑箱内部的基础数据。现在我们将它放到玻璃罩里展示出来，以支持团队的有效决策。

小马："听起来很神奇，需要观测哪些数据呢？"

镜子教练："我们可以根据团队的具体情况来进行个性化的设计。"

根据业务的发展阶段，有些团队会把稳健合作的渠道数量、合作方的流动性等纳入监控范围，以此对业务健康度进行预警。该数据一旦触及警戒线，就会拉响警报，需要我们在本周计划中采取应对措施。有些 HR 团队还会把各层人员流失率作为监测对象，一旦某团队流失率超出了合理范围，提示团队氛围可能出现问题，他们就会立即采取干预措施。那么，你会考虑把"报警器"放在哪里，怎样及时调整本周计划呢？

小马："嗯，我想把系统报错率、客户满意度、净推荐值等纳入监控范围。"

镜子教练："很好。你可以监测一段时间，根据使用情况再来调整。"

以上，通过对四个象限的扫描，我们切换了三次视角，并围绕本周计划进行了三轮更聚焦的讨论和调整，产出了对当下处境而言最为明智的周计划。

会后追踪

我们需要将每次会议的决策和行动计划都记录下来，用于下次会议前的结果追踪。

企业应用案例：高科技公司的周会

现在，分享一家企业的实战案例。一起看看这家高科技公司的周会是如何召开的。

田十精材是一家专注于半导体导电银胶领域的公司，致力于解决该工艺环节国产替代的"卡脖子"问题。公司的创始人发现，团队经常在周会上浪费大量时间。由于团队处于初创期，周会上频繁出现各种新问题，而大家往往将关注点集中在各自的职责范围内，如在会议上极力阐述自己遇到的困难或寻求帮助，这导致会议讨论变得非常发散且不可控制。

为了解决周会效率低下的问题，镜子教练为该团队量身定制了一套周会模板与流程。在会议召开前，所有成员的工作进展和计划都会通过预先设计好的共享文档进行同步。会议开始时，镜子教练会引导成员们把关注点放在团队的共同目标上，从对目标的信心出发展开讨论，并据此初步调整每个人的本周计划。接着，成员们同步阅读并评论文档中的其他内容——未来项目及仪表盘上的数据报警等。最后，团队将聚焦于最值得关注的话题，深入讨论，并对本周计划做出最终调整。

在此过程中，成员们迅速实现了同频同步，每个人都伸出援手，积极给予他人支持与反馈。团队从最初的慌乱状态进入有序协作的状态。这种高效的周会形式被保留下来，每周由不同的轮值经理负责主持会议。在新的工作节奏下，团队成员不再各自为战，而是像一群南飞的大雁那样，定期调整队形，成为一个坚定、灵活且有序的整体。

4.3.6　结合业务的个性化应用

我们已经了解三张看板和三次 OKR 会议的操作方法，那么如何结合业务现状，进行个性化应用呢？让我们来看一个案例。

4.3.6.1　企业应用案例：OKR 看板助力"双十一"冲刺

这是一家销售时尚功能饮料的电商公司，他们把 OKR 看板与 OKR 会议用在了"双十一"倒计时的项目上，让团队紧锣密鼓地推进目标达成，实现了创造性的突破。

首先，管理团队明确了"双十一"项目的共同目标（O）：通过提升目标用户的品牌认同来促进转化（与其品牌战略保持一致）。KRs 则包含了各目标用户转化环节的数据，此处省略数据。

其次，他们将每周直播计划做成了计划看板，记录从周一到周日在不同渠道上的直播安排。每周五，各部门负责人会一起讨论本周直播的效果，即是否增强了目标用户的品牌认同，并促进了转化。

第一周有很多问题暴露出来，如用户数据不理想、直播间引流的用户与目标用户定位不符。经过分析，大家发现直播间的选择与品牌调性并不匹配，导致引流不够精准。此外，客服问题、营销问题、店铺装修问题、供应链品质问题、产品包装问题等也得到了排查。各部门对各自之后的发力重点及彼此如何产生合力有了清晰的认识。

最后，团队将调整过的周计划分解为每天的行动，并在每天早晨的团队站会中进行快速讨论。大家遇到困难也会第一时间提出来。当市场部需要在短时间内完成大量直播间的更换工作时，用户运营团队主动请缨，在人力上进行支援。两个部门临时合并为一个战队，共同作战，快速攻克难关。这种前所未有的操作竟然在瞬间达成了共识。因为大家都明白，这是团队的共同目标，而不是市场部一个部门的责任。

经过 21 天紧锣密鼓的推进，该团队群策群力，收获了创业三年以来的最好战绩，可以称之为一次奇迹般的飞跃。

镜子教练提醒：在目标执行的过程中，我们可以结合自己的实际业务情况，更好地运用三张看板与三次会议。重要的是，我们要时刻擂响战鼓，引起每个人的注意，让大家专注于每个当下最重要的焦点。

小马："我也要先创建适合团队的三张看板，这是高效会议的前提，能让我们快速获得动态数据与信息，让小伙伴们全面掌握情况并快速同频。"

"另外，我还得开好三次 OKR 会议，高效地做出决策，让大家在不断强化北极星方向的同时，聚焦于当下，及时调整每周的计划，促进每天的高效协作。我们要通过这些活动不断提醒每个人：不要迷失方向，要及时暴露问题；不要错失调整计划的良机，也不要错过协作的机会。"

"会议中的决策要付诸行动，并且在下次会议中通过看板继续呈现。通过这样一个周而复始的过程，团队将建立起持续的纪律要求。大家在持续推进目标的过程中，可以做到眼明心亮、心齐手快。"

镜子教练："非常棒的收获！祝你实战顺利！"

4.3.6.2　三张看板应用对照表

为方便应用，你可以参考表 4-6，进行自我调整。

表 4-6　三张看板应用对照表

OKR 会议	会议目的	召开频率	看板名称	看板内容
目标回顾会	• 确保目标的真实进展一目了然，知道当前的进展情况以及值得关注的方面	• 每月	• 目标看板	• 团队的整体目标 OKR 的进展描述与红绿灯提示
周计划会	• 及时同步变化、聚焦挑战与风险，合理调整计划，并对齐成员间的协作策略	• 每周	• 计划看板	• 目标信心指数、本周计划、未来四周活动、健康指数
团队站会	• 明确当天的重点任务，更好地协同，调动团队的行动紧迫度	• 每天	• 行动看板	• 已完成、进行中、待完成的任务

本节练习

你可以基于以下三个问题，整理团队的会议效果优化思路。

Q1：你的团队会召开哪几种会议？你对会议的产出效果满意吗？为什么？

Q2：大家在会前准备、会中流程、会后跟进上，分别做得如何？

Q3：你觉得可以如何改善会议效果？

> ╲ **行动计划**
>
> 基于以上团队会议的现状，我打算＿＿＿＿＿＿＿＿＿＿＿＿＿＿＿＿。
>
> 开始时间：＿＿＿＿＿＿＿＿＿＿，结束时间：＿＿＿＿＿＿＿＿＿。
>
> 产出成果：＿＿＿＿＿＿＿＿＿＿＿＿＿＿＿＿＿＿＿＿＿＿。
>
> 需要谁提供哪些协助：＿＿＿＿＿＿＿＿＿＿＿＿＿＿＿＿。

4.4 团队交互，营造群智涌现的氛围

4.4.1 会议效果差，问题出在哪

小马最近开始在团队中进行敏捷日常管理的实践，却发现 OKR 会议的效果不太理想。

"我发现，会议中几乎只有我在发言，其他人则埋头于笔记本电脑，不知道在忙些什么。"

说到这里，小马抱怨道："我让每个人谈谈想法，讨论如何解决当前问题，但他们的发言纯属应付了事，没什么价值。还有人提出一大堆要求，如困难太多、需要更多人手或时间等。最后，我只好自己提出方案，分配任务，这样至少还能保证效率。"

这场景是否似曾相识？理想中的 OKR 会议应是群策群力的，而现实中团队的能量如何呢？按小马的评估，团队能量值最多只有 50 分。问题出在哪里呢？

4.4.2　以团队为中心的工作方式

如果到每个人的电脑前，看一看他们到底在忙些什么，你会发现大家并未偷懒，都在忙着各自的任务。但问题是，大家并不关心共同目标卡在哪里，更没有深入讨论，团队的智慧与能量没有充分发挥。这样的会议是谁在唱主角呢？是团队领导者。会议上提供信息、反馈和解决方案的人，几乎都是团队的领导者。这是非常典型的以领导者为中心的工作方式。

糟糕的是，这种现象普遍存在。即使会议中有员工参与讨论，最后往往还是团队领导者直接指定解决方案。

小马："您不觉得，这样决策效率很高吗？"

镜子教练："看上去高效，但也导致了一种怪现象——会议上信誓旦旦，执行上却松松垮垮。"

小马："的确如此。我也发现员工对会议中的决策总是执行得不彻底，出了问题就会向上甩锅。他们会说这是领导的想法，不愿承担责任。唉，很无奈。"

镜子教练："这就是以领导者为中心的工作方式带来的麻烦。看上去决策效率很高，但执行效果却难以保证。"

镜子教练提醒： 我们需要从以领导者为中心的工作方式切换到以团队为中心的工作方式。在以团队为中心的工作方式中，所有信息、反馈和解决方案将由团队成员提供。成员们收获的价值不再是个人价值的简单叠加，而是彼此点燃、相互协作所引爆的整体价值。

麻省理工学院人类动力学实验室的创始主任、著名的"可穿戴设备之父"阿莱克斯·彭特兰教授，曾提出过一个经典的公式：

激励协作的价值收益 = 激励个体的价值收益 ×4

当我们把关注点放在成员之间的相互协作上，产出的绩效是以领导者为中心的工作方式的 4 倍以上。应用此理论，彭特兰在美国国防部发起的"2009 红气球挑战赛"中，证实了激励协作的效果。他领导的"麻省理工挑战队"受益于简单的激励机制，在短短几小时内，这个自动运转的团队招募了 4400 人，并仅用 8 小时 52 分 41 秒，准确定位了遍布全美各地的 10 个红气球的地理坐标，最终摘得桂冠。彭特兰的理论与实践为互联网时代的团队管理带来了新的启发。

然而在现实工作中，很多管理者却不愿让位于团队，认为只有自己来主导才能带来高绩效。我们不妨看看小米公司的实践，它很好地证实了以团队为中心的工作方式的效果。

雷军在 2023 年度演讲中，爆料了小米手机专用摄影套装产品的立项故事。雷军曾两次否决该产品的立项，差点让这个卓越的产品流产。后来，他认真学习摄影后，才真正理解摄影爱好者的需求。摄影团队的第三次立项终于被通过，而该产品在用户中也引起了火爆反响。由此可见，领导者的决策并不总是最正确的，很多时候团队对用户需求的感知与反应速度要优于领导者。而领导者最明智的决策，就是在团队愿意承担责任时，给予最大的支持。

小马："我明白了，我们 OKR 会议效果差，工作推动遇到阻碍，是因为没把团队放在中心。"

镜子教练："是的。只有以团队为中心，才能真正调动出团队的智慧与能量。"

小马："可如果大家讨论质量不高怎么办呢？那不变成茶话会了吗？"

镜子教练："没错。所以我们不要做低效的头脑风暴，而要引导更聚焦的、高质量的讨论。"

镜子教练提醒： 为了召开更聚焦的高效会议，我们需要充分运用之前所学的 OKR 看板，让团队成员在会前做好充分的准备；在 OKR 会议中恰当引导会议流程，合理利用时间，把大家的专注力集中在最有价值的讨论上，并做出明确决议。我们还要对执行结果持续追踪，并在下次会议中向全体成员公布。

4.4.3 启动全脑，告别摸鱼和划水

小马："我们有些员工从来不发言，甚至连脑子都不转，该怎么办呢？"

你的团队中也有一开会就摸鱼和划水的员工吗？为什么他们会这样呢？我们不妨先了解下高能量会议中员工的状态。

在高能量的团队会议中，每位成员的"三个脑袋"都会处于开启状态。它们分别是创造脑（头脑）、情绪脑（心脑）、本能脑（腹脑）[1]。有趣的是，最古老的本能脑处于放松状态，是情绪脑和创造脑开启的前提。一旦本能脑感受到了不安全，便会自动触发三种古老的应激反应，即战斗、逃跑和僵住。

想想看，你是否见过会议上有人突然提高嗓门争辩，甚至激烈地互怼[2]？此刻他们绝对不会贡献出什么好主意，反而因为感受到威胁，已经开启了战斗模式。你见过有人突然转移话题、顾左右而言他吗？有时，大家甚至一起和稀泥，试图缓和气氛。这是因为小伙伴们都感受到了不安全，不约而同启动了逃

---

[1] 三脑理论（Triune Brain Theory）是美国神经学专家保罗·麦克里恩最早提出的，后来澳大利亚高管教练格兰特·苏萨鲁和美国国际咨询师马文·奥卡在此基础上，整合了大量现代神经科学、脑科学和心身医学中的相关研究成果，提出了三脑统合技术。

[2] 网络流行词，指抓住对方的弱点进行争辩，有时带有攻击性或挑衅的意味。

跑模式。另外，你曾有过大脑一片空白的经历吗？也许你只是因为太过紧张，担忧失败所带来的伤害，而启动了僵住模式。

小马苦笑："战斗、逃跑和僵住这三种反应我都见过。看来真得反省一下团队的问责氛围了。"

镜子教练："是啊！很多团队把 OKR 会议开成问责会，甚至批斗会，这会封印团队的能量。"

因此，营造安全的会议氛围，给予员工更多的包容是非常重要的。在不安全的环境下表达观点，对员工来说意味着可能给自己带来伤害，古老的本能脑会直接阻断这样的冒险行为。

谷歌的一项名为"亚里士多德计划"的内部重要研究发现，公司里最成功的团队具有五大关键因素——安全、（目标）清晰、重要性、可靠性、影响力，而安全因素占据极为重要的位置。研究证明，优秀的谷歌团队在心理上是安全的，当团队承担风险时，团队经理总是给予支持。这一发现与谷歌"御用"传奇教练比尔·坎贝尔的观点完全一致。

小马："现在我知道为什么大家一开会就很低气压，一讨论就想逃避。我不该用苛刻的要求、严厉的批评破坏大家的安全感，扼杀大家勇于创造的可能性。"

镜子教练："非常棒的反思。只有营造安全的氛围，大家才愿意打开话匣子。"

另外，我们还要注意营造会议中的快乐氛围，因为只有当情绪脑处于开心状态时，创造脑才会更加活跃。当人的情绪脑感受到不开心时，创造脑就会呈现关闭状态。比如，员工不喜欢不停地跟领导做汇报，也不喜欢被人评价。于是，情绪脑就会主导关闭通往创造脑的大门，员工就打心眼里都不想参与了。

请问，你在召开 OKR 会议的时候，大家是以轻松、快乐的状态参加会议的吗?

小马:"这……看来不能只想着我喜欢,还要照顾大家的感受啊!我得营造一个更坦诚和轻松的沟通氛围,改变枯燥无味的汇报传统。"

镜子教练:"很棒!"

镜子教练提醒:在团队会议中,我们需要营造安全、快乐的氛围,延长三脑合一的时间,如图 4-6 所示。

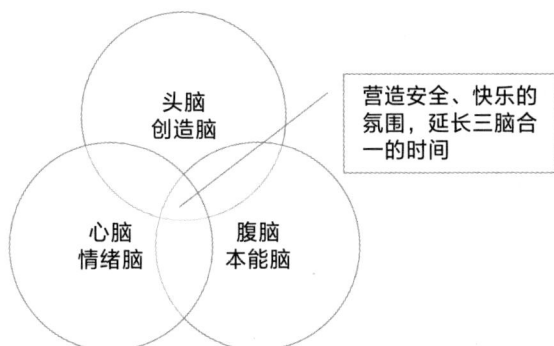

图 4-6 三脑理论说明图

最后,让我以 OKR 周会为例,说明会议氛围的营造过程。在周会开始时,我们要设定开放包容的心态,无论是有信心还是缺乏信心的员工都能被接受。这样,大家才敢于表达自己真实的信心指数和理由,从而及时发现问题。我们要相信,每个人的情绪状态及其背后的理由都值得被关注,这是我们再次聚焦并展开深入讨论的基础。通过这样做,员工会感受到被尊重和接纳,觉得自己的参与很有价值,而更有热情地投入后续的讨论。一种良性的会议氛围便建立起来了。

4.4.4 会议氛围的优化

小马："从三脑原理来看，营造开放、安全、愉快的会议氛围真的很重要。作为领导者，我也需要做出调整。"

的确，团队领导者在 OKR 会议中需要关注团队氛围的营造与团队能量的提升。领导者可以充分运用数据和事实帮助大家看到变化，然后基于这些变化去提问，引发大家的思考和讨论，而不是指责式地指出问题，要求大家提供答案。团队领导者在会议中要像魔术师一样营造氛围、激发热情、呈现焦点，引导大家的关注与讨论。这样，大家的参与感和价值感才会转化为会后的承诺与执行力。

4.4.4.1 指引清单

为了达到更好的 OKR 会议效果，你可以参考表 4-7 进行自查，进而提升团队的能量。

表 4-7　高能量 OKR 会议的自查清单

四不要	四要
不是个人展示会	而是向着共同目标、群策群力的高效会议
不是一言堂	而是大家共同参与决策的过程
不是茶话会	而是聚焦高价值的讨论过程
不是问责会和批斗会	而是安全、包容、坦诚、轻松的会议

4.4.4.2 提升团队能量的妙招

小马："我们团队已经习惯了以领导者为中心的工作方式，要如何打破原有状态，营造安全的团队氛围，提升团队的能量呢？"

镜子教练提供以下五个小妙招，以供借鉴。

奈飞的 4A 反馈原则 ①

全球知名流媒体公司奈飞内部，有一个用于反馈的共同原则，被称为 4A 原则，非常值得我们借鉴，如表 4-8 所示。

表 4-8 奈飞的 4A 反馈原则

Aim to assist	目的在于帮助	Appreciate	感激与赞赏
Actionable	反馈应具有可行性	Accept/Discard	接受或拒绝

4A 原则的左边两个 A 是针对提供建议的人。需要注意的是，提供建议的目的在于帮助他人，而不是将其作为个人表达的舞台；而且反馈应具有可行性，不应仅停留在泛泛的评价上。也就是说，管理者自己也要放下小我，本着对员工有帮助、对整个团队有帮助的出发点提出反馈，而不能借题发挥、过度发散。

右边两个 A 是对接收者的要求。接收者也要放下小我，不能太玻璃心，要理解大家是为了共同目标，因此要带着感激与赞赏认真倾听对方的反馈。另外，最终的决定权还是在于接收者本人，他需要认真思考后给出明确的答复——接受或拒绝，并为此决定承担责任。

小马："如果大家都能遵守这样的共同原则，那么团队内部自然就会建立起畅所欲言的安全环境。"

镜子教练："是的。除此之外，还有一些小妙招也值得尝试。"

轻松有趣的开场

很多团队都习惯于严肃认真的会议风格，一开始就直接进入主题，就事论

---

① 帕蒂·麦考德在《奈飞文化手册》一书中对 4A 反馈原则进行了阐述。

事，却忽略了"情绪脑"的状态。更高效的做法是采用轻松有趣的开场，打开喜爱趣味的情绪脑。这样，大家的创造脑才会活跃起来，会议讨论也会更高效。

我们不妨借鉴"趣事与新鲜事"（Something fun，Something New）的会议开场方式。在谷歌，如果有人出差回来，就会在会议开场时分享出差中的趣事见闻。我辅导的一些国内团队，也会在会议开场时分享个人的好消息，如某人喜得千金、某人终于摇到车牌号、某位员工见到了喜欢的偶像等。这些好消息和有趣见闻的分享，能够更好地把员工联结在一起，营造出轻松愉快的会议氛围。

周五共庆会

每逢周五，团队可以共同庆祝一些小的进展。这个举动可以让每个小进步都被看见。员工通过这种方式获得集体的认可，增强了"我们是一体的"的观念，体会到共同作战的美好感受。

"我的方案通过了客户的审核！""我找到了一家新的合作渠道！""我终于约到了一个高质量的候选人！"

每个人的小小进展都值得大家一起庆祝。一杯咖啡或一杯奶茶、几句祝福、一阵欢笑，便足以加深员工们并肩作战的感情，提升共同进步、一起奋斗的快乐体验。

感恩会

感恩会对很多团队来说并不陌生，我们可以用它来加强成员们的内在成就感，并在圆满的体验中，增强再次出发的动力。具体做法是，在项目结束后，每个人真诚地感谢其他成员为自己提供的具体帮助。这个举动可以让每位伙伴的贡献被看见，互相间的认可还会让大家更加珍视彼此的伙伴关系，加深美好回忆，以便日后更快乐地一起合作。

团队反馈机制

对于足够成熟的团队而言，在项目结束后，大家还可以启动团队反馈机制，进行开诚布公的反馈。每个人谈谈对团队的真诚建议，同时向其他成员送上真诚的反馈，既包括正面反馈，也包括建设性的建议。尤其是这些建议都会被记录下来，并作为礼物送给每位接受反馈的员工。大家通过这种方式共同感受成长的快乐。

当然，团队反馈机制对团队的安全基础和成员之间的亲密关系有着较高的要求，必须谨慎判断且量力而行。

小马："太有启发了，我们也要立刻尝试这些小妙招！"

镜子教练提醒：基于三脑原理，为了提升团队能量与创造力，我们需要营造安全、快乐的氛围。我们可以借鉴奈飞的 4A 反馈原则、轻松有趣的开场、周五共庆会、感恩会、团队反馈机制等方法，也可以创建属于自己团队的独有方法。但别忘了这些活动的目的，就是为团队创造"我们在一起"的安全、快乐的内在体验，进而启动每个人全脑中不可思议的能量。

综上所述，我们已经完成了对敏捷日常管理环节的学习，这是目标有效落地的关键，同时该环节的执行水平也取决于目标创建过程的有效性。如果你发现，团队在目标落地过程中很难保持持续的动力，那么欢迎与我一同进入第 5 章和第 6 章，一起了解有效的 OKR 复盘和成果导向的激励机制。

本节练习

你可以基于以下四个问题，整理改善 OKR 会议氛围的思路。

Q1：你的团队工作方式是以领导者为中心还是以团队为中心？团队成员参与OKR 会议的能量值如何？请在 1~100 中打分。

Q2：你希望团队在 OKR 会议中的能量值提升到多少分？那会是什么样的状态？

Q3：对照表 4-7 中 OKR 会议的四要、四不要，你觉得团队在哪几方面做得不错？在哪些地方有可提升的空间？

Q4：基于团队的现状，你打算做些什么来营造具有安全感且愉快的会议氛围？

行动计划

基于以上团队会议的现状，我打算_____。

开始时间：_____，结束时间：_____。

产出成果：_____。

需要谁提供哪些协助：_____。

第 5 章

推动执行的定期复盘

反者道之动，弱者道之用。

——老子

▶ 章首故事：球队的更衣间

"下半场咱们要耐心等待时机，一定能创造出得分机会的。"

"咱们上半场太尊重对手了，下半场必须要有侵略性。"

"德国队丝毫不认为会输给我们，他们绝对会松懈，我们还有机会。"

"历史就是用来改写的，让我们坚定信念，今天改写历史！"

这段对话发生在 2022 年卡塔尔世界杯期间，日本队的更衣间内，当时日本队正与德国队对决。在上半场比赛中，日本队 0∶1 落后于德国队，但经过更衣间内闪电式的有力复盘，下半场作为亚洲球队代表的日本队竟奇迹般扭转了局势，最终以 2∶1 的比分战胜了曾经的世界杯冠军德国队。

其实，在篮球赛、橄榄球赛等众多团队运动中，更衣间的故事都是备受瞩目的。如果一个球队在更衣间表现出想学习、有信心和斗志的态度，那么他们有可能在接下来的比赛中实现逆转；但如果队员们垂头丧气、互相指责，则有可能一溃千里。因此，从更衣间的故事可以窥见一个球队的未来。

在 OKR 落地的过程中，复盘环节的目的就是在中场为团队打造一个决定胜局的"更衣间"！如果你的团队正面临极大的挑战，那么我邀请你与我走进这个神奇的复盘空间，一起去见证团队飞跃式的成长。

5.1　超越实战的真复盘

经过一个季度的持续推进，小马团队的 OKR 目标已经有所进展，大家进入了复盘环节，但小马对这次复盘感到很失望……

5.1.1　一个坑踩了好几遍，怎样复盘才有效

"唉，卷得厉害，就是毫无亮点！"

小马看着侃侃而谈的小伙伴和制作精良的演示文档，心里犯起了嘀咕。人人都忙着展示个人业绩，甚至大谈特谈价值观，可就是没人谈到点子上。眼看一上午过去了，肚子饿得咕咕叫，小马敲着桌子提醒道："跨团队协作和客户导向问题呢？都收到投诉了，怎么没人提呢？"

瞬间，几个当事人涨红了脸。随后，他们进行了深刻的自我批评。

"总算是有反思了，不过下次呢……真的会有改善吗？"小马很没信心。这两个问题由来已久，他自己也曾向领导信誓旦旦地保证，但回到现实中，它们还时不时冒出来捣乱，且始终没有找到根治之法。

怎样才能杜绝老问题换个形式卷土重来呢？小马感到很困惑。他再也不想在同一个泥坑里摔跟头了！

显然，这次复盘并不符合小马的期待，大家在展示上浪费了太多时间，重要问题却没人提，即使提了也没有真正的改进。这样的复盘并未真正达成目标，是无效的。那么，如何避免无效复盘？到底怎样才是有效的复盘呢？

5.1.2　变总结为真复盘

"复盘"[①]一词来源于中国古代的围棋。围棋高手有个习惯，就是在对弈后复原棋局，对胜负手进行反思和推演。这个方法会极大地提升棋手对整个棋局的把控与预判能力，同时复盘习惯会使棋手的功力迅速提升。复盘方法在今天的商业管理中也被广泛应用，它对促进团队成长起到了至关重要的作用。

在 OKR 运作机制中，复盘环节起到了极为关键的作用。它不仅代表着一个目标周期的完成或圆满结束，更体现了团队的自我超越与整合。我们在复盘的同时开启下一个 OKR 目标周期的循环，此过程并不是简单的周而复始，而是一种丰盈的内在成长体验。

镜子教练提醒：基于 MOKR 的思考框架，我们首先要从复盘的动作中跳出来，回归到做这件事的初心：为什么要复盘？复盘的价值何在？真正的复盘要达到什么样的目标呢？

5.1.2.1　由初心理解真复盘

团队复盘的目的是从实战中快速学习，提升能力与认知，以便更准确地对未来的动态发展做出判断，进而更好地推进总体战略目标的达成。用联想创始人柳传志的一句话总结就是——让团队从蒙着打，变成能够瞄准了打！

因此，我们越是希望团队快速抵达目标，就越需要定期停下来，进行深刻而有效的复盘！就像奔跑的人不能仅凭向前迈出的那只脚来前进，而要依靠后

---

① 邱昭良在《复盘＋：把经验转化为能力》一书中，对"复盘"一词的由来及联想的复盘方法做出了详细解释。

脚的有力支撑一样，复盘就是团队前进的支撑脚。要让团队快速提升，我们就需要真正用好复盘工具。如果我们不能从初心上理解"真复盘"，就容易陷入误区，把复盘会开成总结会或汇报会。

小马："惭愧啊，我们就是把复盘会开成了总结会。"

这的确是很多团队的通病。如何避免这个问题呢？在复盘中，我们首先需要纠正团队的关注区域。

5.1.2.2　调整关注区（从表现到学习）

复盘与总结的区别在于二者关注区域不同。总结关注的是过去的表现，它指向的时区是过去时。而复盘关注的则是从过去的经验中学习，以获取对未来有用的经验，它放眼未来成果，反思过去，并专注于当下的学习，如表5-1所示。

表5-1　总结会与复盘会对照表

总结会	复盘会
关注表现区	关注学习区
指向过去	放眼未来，反思过去，专注当下

小马："赞同！虽然复盘建立在过去实战经验的基础上，但最终目的是在未来做得更好。"

镜子教练："没错！"

复盘的目的不是为过去担责，而是更好地奔向未来！因此，我们当下的重点是学习。为了避免把复盘会开成总结会，我们首先得把关注区域从表现区调整至学习区。

在章首故事"球队的更衣间"中，我们重温了日本足球队在更衣间内进行的精彩复盘，这段视频被网友们广为称赞与传播。球员们的讨论是基于对上半场得失的快速总结，但他们更关注的是如何打好下半场比赛，他们的关注重点在学习区。

倘若换一种对话方式又会如何呢？

"为啥没进球？""为啥奔跑不到位？""为啥防守不给力？"

这些对话关注的显然是球员们过去的表现，它们对下半场的比赛有多大帮助呢？可以想象，经过这样的对话，球员们下半场会带着怎样的心情踏上球场呢？

再来看看小马团队中那几位涨红着脸进行自我批评的小伙伴。从他们垂头丧气的表情中，你就知道"总结会"的"杀伤力"了。

著名教育家爱德华多·布里塞尼奥在 TED（Technology Entertainment Design，技术、娱乐和设计）演讲中，很好地解释了这一现象：如果人们的关注点更多地集中在表现区，会导致过度焦虑，对提升能力没有帮助。因此，把关注点停留在过去的表现上，只会徒增成员们的紧张和焦虑情绪，甚至带来挫败感、羞耻感、恐惧感，进而打击团队继续战斗的信心。

现在，你知道该如何避免把复盘会做成总结会了吧？

小马："嗯，永远别把生命浪费在过去的阴影中。"

镜子教练："没错！西方谚语也叫作——不要为打翻的牛奶哭泣！"

镜子教练提醒：要进行真复盘，我们首先需要调整团队的关注区域，从表现区迁移至学习区。重要的是把握好这次学习机会，让下次做得更好。进步一说，我们需要放下执着，在动态变化中学习，而不要急着用僵化的评价盖棺论定。

5.1.2.3　复盘的基本原则

复盘中有一个重要的基本原则就是—— 一切为了成长！

小马："复盘时要有成长思维，不过这与敏捷日常管理中的反应思维有什么区别呢？"

镜子教练："非常棒的问题！让我们来一次快速整合。"

在表 5-2 中，我们可以看到追责思维、反应思维和成长思维这三种思维在应用场合与效果上的区别。追责思维的人关注过去，会为打翻的牛奶哭泣；拥有反应思维的人关注当下，会针对每个变化做出敏捷灵活的反应，快速解决问题；而拥有成长思维的人善于在实战中反思，他们会放眼未来，专注于当下的学习，通过一次次深蹲来支持自己未来更高的飞跃。正确的思维模式下的深度复盘将对团队的成长与成功带来极其深远的影响。

表 5-2　传统汇报总结会、敏捷追踪、复盘对照表

传统汇报总结会	敏捷追踪	复盘
追责思维	反应思维	成长思维
事后反应，关注过去	及时反应，面对当下	实战中反思，放眼未来，专注于当下的学习

小马："一切为了成长！我记住了！"

5.1.3　复盘中的真成长

小马："我还有个困惑，一个季度过完，打扫战场时往往是一地鸡毛，大事小事特别多，从哪里入手才能收获真成长呢？"

镜子教练："可以理解。为了更好地从经验中学习，复盘时我们需要先归类，再聚焦于最值得挖掘的项目来深入展开，收获成长。我们会借助红绿灯聚焦法，使分类清晰可辨。"

5.1.3.1 红绿灯聚焦法

红绿灯聚焦法[1]是按照每个 O 与 KRs 的完成情况，提供可视化的呈现。红绿灯与完成度的对应关系如下。

- 红灯：0%~30%，没有完成原定战略目标，属于预警范围。

- 黄灯：40%~60%，有一定进展，属于正常范围。

- 绿灯：70%~100%，基本达成，仍需检查目标质量。

有效的打分

需要提醒的是，大家对 OKR 打分的用途容易产生误解，因此常导致复盘变味。 复盘阶段，OKR 的打分并不用于评估人员的表现，它仅仅起到指示剂的作用，帮助所有人迅速聚焦于更值得关注的重点。

小马："请问如何对 O 进行打分呢？"

这也是很多人的疑问，因为 O 是定性的，对它的打分不同于我们以往的做法。在对 O 的评估上，我观察到两种不当倾向。

第一种倾向： 依据每个 KR 不同的重要性，赋予权重，再来计算 O 的打分。关于这点，瑞可·克罗曾在视频分享中反驳，并提醒大家不必在精确打分上做复杂设计。我们的目的不是为了得到精确的评分，而是对目标的达成效果做出判断。

第二种倾向： 国外一些公司会直接把几个 KR 得分的平均分作为 O 的得分，但我认为此做法在国内并不适合。尤其是在探索新领域时，小伙伴们设定 KRs

---

[1] 约翰·杜尔在《这就是 OKR：让谷歌、亚马逊实现爆炸性增长的工作法》中，对 OKR 的三档评分进行了介绍。

的水平有限，且对得分的执着也还未放下，平均分很可能会掩盖那些未被发现的重要问题。在不成熟的认知下，高分 KRs 并不能代表真正达成了目标。

那么，该如何对 O 恰当地打分呢？

我建议将 O 与 KRs 独立，对照 O 所描述的期待效果与实际进展情况，进行单独评估。我们的前路模糊，而探路的能力还不够完备。因此，千万不要把手段当成目的！在评估 O 和 KRs 的进展时，重新切换视角便显得尤为重要。我们可以依据以下两个问题，对 O 和 KRs 进行单独评估，审视目标达成的有效性。

- 实现我们向往的画面了吗？

- 拿到关键的成果了吗？

让我们用一个模拟案例来说明。如表 5-3 所示，如果我们用每个 KR 打分的平均分来计算 O 的打分，得出的是 50%。而如果针对 O 的描述来反思我们是否达到了期待的效果，打分则是 90%。

表 5-3　OKR 进展打分示例

序号	目标内容	负责人	进展描述	进度红绿灯
O	· 提升每位用户的平均观看时间	—	· 每位用户周平均观看时间由 20 分钟提升至 150 分钟	● 90%
KR1	· 提升每天 ×× 分钟的观看时间	· 产品	· 与内容团队协作，每日更新内容 1000 条以上，每位用户日平均观看时间从 3 分钟提升至 20 分钟	● 20%
KR2	· 推出两个新的操作系统的 YouTube 客户端	· 产品	· 与技术部合作开发新操作系统及手机客户端，手机客户端未通过测试，预计未来 2 周内完成迭代发布	◐ 60%
KR3	· 降低 ×% 的视频加载时间	· 产品	· 与技术部排查问题，调整清除 70% 的漏洞，加载速度从 30 秒降低至 5 秒	● 80%

根据我的个人经验及对众多团队的观察，当让人们扪心自问是否达成了期待效果时，几乎每个人心中都是有答案的。然而，相当一部分人还是会执拗地舍简就繁，似乎只有充分展现数学逻辑的正确性，才能显得专业。殊不知，正是这种过分的执着，才令自己偏离正轨，陷入"现在心"的烦恼中。

如果团队在目标创建时，并没有对初心（M）和目标（O）达成共识，也未形成清晰的成功画面，那么大家在评分时就无从下手，并且容易引起非常大的争议。如果你遇到了这种情况，建议不要紧盯打分不放，而要重启有效的OKR目标创建过程，这是进行有效复盘的基础。

正确的聚焦

复盘应该聚焦于哪几项来深入展开呢？

小马："当然是红灯项和黄灯项，因为没有达成。"

镜子教练："你的观点似乎是从表现出发，如果从'一切为了成长'的原则出发呢？"

成功和失败皆有意义。我们可以从成功中寻找可复制的经验，也可以从试错中拓宽盲区、收获惊喜。因此，复盘会中我们应该聚焦于两极，也就是红灯项和绿灯项来展开。

小马："可是黄灯代表没有完全达成啊，难道不该重视吗？"

镜子教练："黄灯虽代表未完全达成，但这是正常现象。别忘了，OKR目标本身就具有一定挑战性，70%达成是符合期待的。接下来，如何推进以确保100%达成？在日常的OKR会议中，依然有大量讨论机会，但在复盘中它不是重点。"

再次回顾《道德经》中的"反者道之动，弱者道之用"。我们需要提醒自己，复盘不是一直向前迈进的那只脚，而是后面的那只支撑脚。

5.1.3.2　成长方程式

小马："那么，我们会从对红绿灯项的讨论中收获什么呢？"

镜子教练："这是个好问题。复盘的基本原则是一切为了成长，但成长到底体现在哪里呢？我们可以用成长方程式来表达。"

$$成长方程式：成长 = 方法 \times 能力 \times 智慧$$

团队的阶段性成长主要体现在三个层面：方法的进化、能力的提升和智慧水平的提高。

● **方法**：团队成长的第一大体现是学会"运用神器"。

中小学生掌握了更多数学公式和解题思路，就能更轻松地解开各种应用题。同理，团队成员不断总结方法，也可以将这些方法复制到适用场景中，提升解决同类问题的效率。

● **能力**：团队成长的第二大体现是不断"增强肌肉"，提升应对新问题的能力。

刚步入社会的大学生，经过探索与摔打，逐步形成自己的处事原则，提升了适应社会的能力。同理，团队成员也会在实战中不断优化流程和机制，生成新的"肌肉"，以适应多变的外部环境。

● **智慧**：团队成长的第三大体现是不断拓展认知范围，增长"集体智慧"。

成熟的职场人会洞悉不同领域之间的微妙关联，认清自己的人生重点，不断刷新自己认知世界的模型，这是智慧增长的体现。同理，团队成员也会在实战中不断洞悉行业奥秘，深刻领悟什么才是最重要的，从而在决策时，更加身心合一地瞄准目标。

在公司的发展中，团队的成长方程式是如何发挥作用的呢？让我们以某文化公司为样本，来透视本土新兴行业的成长之殇。

该文化公司凭借几档综艺节目为大众所熟知，短短几年间，该团队在本土脱口秀领域强势崛起，不仅演员的个人能力迅速提升，整个团队的成长也令人惊叹。如果个人可以通过老师的传授，提升表演水平、剧本编写能力以及思考深度等，从新手快速变成高手。那么是什么促进了整个团队的飞速成长呢？

该公司联合创始人曾在书中透露了他颇为得意的"读稿会"制度。这个制度就是让大家在开放的平台上工作，这是提升全体演员能力非常有效的方法。那么，团队"投入与开放"的文化又是如何形成的呢？它依托每位成员对脱口秀这项工作的认知提升。抓住了关键，团队的整体水平便得到了迅速提升。

然而，团队对工作本身的认知是一个需要持续提升的过程，这一点对于新兴行业来说尤为明显。2023 年 5 月 17 日，该公司因旗下演员的不当言论事件，受到相关部门处罚，演出被无限期暂停。"脱口秀"带来的价值是什么？除了为观众带来快乐之外，社会责任也是不容忽视的因素。那么，如何在时代发展的大坐标系中找准自己的定位呢？

在一个新兴行业中快速崛起的团队，对于系统的整体认知速度落后于自身发展速度，是危险的。从这个角度来看，这家公司受到处罚一事揭示了以本土脱口秀为代表的"从萌芽到快速发展"的新兴行业所面临的成长之殇。

回到"一切为了成长"的阶段性复盘上。如果我们把"促进团队快速成长，推动整体目标达成"作为阶段性复盘的目标 O，那么，你会收获哪些复盘成果

KRs 呢？不妨问问自己以下几个问题。

- 本次复盘，团队提炼了哪些工作方法与工作流程？
- 本次复盘，团队认识了哪些客观事物的本质？提出了哪些根本性的解决方案？
- 本次复盘，团队总结了哪些客观规律，并建立起哪些良性循环的机制？
- 本次复盘，团队如何提升了对全局的认知，更有效地更新下一阶段目标？

在此，我提供一个例子。这是我与一位团队领导者就"阶段性复盘目标"所达成的共识。

O：通过阶段性复盘，加速团队的数字化进程。

KR1：提炼出 ×× 相关的工作方法与工作流程。

KR2：通过洞悉本质，提出 ×× 问题的根本性解决方案。

KR3：总结客观规律，建立 ×× 工作的良性循环机制。

KR4：提升团队对于全局的认知，更新下一阶段目标。

小马："原来团队的成长真的肉眼可见！复盘会也应有明确的目标和产出，我从未从这个角度考虑过，真的很受启发！我们也要朝着这个方向，调整复盘方式！"

本节练习

通过以下四个问题，你可以快速诊断出团队在 OKR 复盘时的问题所在。

Q1：你的团队复盘时，大部分时间用在表现区还是学习区？

Q2：请对照所学，反思团队在复盘时哪些方面做得好？哪些方面还有提升
空间？

Q3：根据上季度的团队目标达成情况，红灯项和绿灯项分别有哪些？大家应
聚焦于哪几项重点展开讨论？

Q4：在过往的团队复盘中，大家是否总结出了有效的流程和方法，并不断完
善良性运转的机制，提升对行业和业务等领域的认知，更新更有效的
目标？

行动计划

基于以上团队复盘的现状，我打算_____。

开始时间：_____，结束时间：_____。

产出成果：_____。

需要谁提供哪些协助：_____。

5.2 向内求得真成长

小马："请问镜子教练，我们该怎么做，才能在复盘中收获真正的成长呢？"

镜子教练："让我来介绍一些工具和方法，帮助团队在复盘中深度反思，提
升认知，收获成长的关键成果。"

5.2.1 系统复盘流程

为避免像小马的团队一样流于形式却收效甚微，我们需要借助系统深入的

复盘流程，帮助团队更深入地认知相关领域，并获得飞跃式的成长。邱昭良在《复盘+：把经验转化为能力》一书中，将层层深入的复盘流程总结为：回顾、反思、探究、提升。那么，OKR 的复盘流程又有何不同呢？

OKR 的复盘既包含对总体战略目标的回顾，也包含对红灯项和绿灯项的深度反思与探究。通过这种方式，我们从丰富的成功经验与失败教训中汲取营养，并最终整合、提炼出可持续使用的团队"肌肉"与团队智慧。在处理红灯项和绿灯项时，我们采用的方法会有所不同，但共同的目标都是为了让团队从全局出发，在整个系统中放大成果。因此，我们需要从具体事务入手，深入探究，同时，还要从事务中抽离，在更大的系统中刷新认知。

由此可见，系统认知是团队成长的基础。在科学界，如果离开了原理，公式就无法成立；同理，在复盘中，如果缺少系统认知，成长（方法、能力与智慧）便无从谈起。因此，无论复盘的是成功经验还是失败教训，我们都会以系统认知的方式，来探究构成其的三个要件：要素、关系与功能 [1]。

以系统认知方程式来表达：系统 = 要素 × 关系 × 功能

● 要素：我们需要根据实战经验，提炼出影响要素，这是总结方法的基础。

比如，减肥的要素包括摄取和消耗的热量，所以我们得管住嘴、迈开腿。

小马："减肥动力、情绪状态和食欲也会因人而异。"

镜子教练："没错！还有对运动项目的喜爱程度、时间点、温度等，都是影

---

[1] 大量系统学著作都对要素、关系与功能进行了生动阐释。如果你希望详细了解这三个要件，我强烈推荐你看看《系统之美：决策者的系统思考》这本书，它的阐释如其名称一样简洁而美。

响要素。所以专业健身教练会基于更细致的分析，制定季节性的和个性化的健身方案。"

- 关系：我们需要总结客观规律，梳理各要素间的逻辑关系，这是优化流程和机制的基础。

减肥时，你的饮食容易受哪些因素影响？

小马："我发现，压力大时我会吃更多来补偿自己。"

镜子教练："之后又会产生哪些影响呢？"

小马："快乐其实很短暂，马上负罪感就出现了。然后我又报复性地超负荷运动和节食，结果身体吃不消，短时间内还见不到效果。于是我很沮丧，又想吃甜食来安慰自己。"

镜子教练："很好，通过梳理压力、饮食、运动、情绪等几个要素间的关系，我们看清了恶性循环的形成过程。接下来，我们可以在关键节点建立监控机制，重塑'调节情绪—控制饮食—适当运动—控制体重'之间的良性循环。这就是在优化流程与机制。"

- 功能：我们需要深刻认识整个系统中不同构成的主要功能，这是做出明智决策的前提。为此，我们需要跨越不同作用周期，反思自己在系统中发挥的作用，调整当下最值得聚焦的目标。

依然以减肥为例，从直觉上你更倾向于采用哪种减肥方式？

小马："我想选择节食，因为见效快还不累，但过度节食也不行，长时间缺乏营养会让身体垮掉。"

镜子教练："短周期减肥有一定效果，但长期下去会导致健康受损。更好的选择是什么呢？"

小马："保持每天的运动量，且晚上不吃碳水化合物，一周后变化会很明显。保持这样的习惯，身体也会更健康。"

镜子教练："一周是体重变化的周期，长期可持续的才是健康周期。在不同的周期中，你有哪些发现呢？"

小马："要做自己健康的主人，建立健康的习惯才是最重要的！我需要努力保持营养均衡和持续的新陈代谢。"

镜子教练："太棒了！在周期中，我们看清了身体对营养物质的吸收和对垃圾食品的代谢功能，也重新掌握了自己的健康方向盘。"

在深刻理解系统认知方程式后，我们要将它应用到对红灯项和绿灯项的复盘中。鉴于成功经验和失败教训的差异性，我们所运用的方法、工具和需要留意的要点会有所不同。接下来，让我们分别展开阐述。

5.2.2　向成功经验学习的要点

在对绿灯项——成功经验的复盘中，有哪些需要注意的呢？对成功经验的复盘要诀，我们可以总结为三句话：聚焦转折，客观认知；提炼要素，总结规律；沉淀方法，扩大战果。让我们来一一展开。

5.2.2.1　聚焦转折，客观认知

我们为何成功？因为公司实力强大，领导英明神武，团队成员坚持不懈，产品性能优于对手，市场投放策略精确无误？这样的讨论氛围一定很热烈，但却并未留下可复制的成功经验。这是非常可惜的。

要想系统深入地认知相关领域，我们首先需要客观还原事情的全貌。片面地将成功归结为自己的伟大，将失败归咎于对手的无耻，会掩盖事物发展的关键要素，使我们停滞不前。

小马："的确如此，很多时候我们对成功的讨论是戴着滤镜的，而且大家只是站在原地讨论，并没有还原事情发展的全貌。"

镜子教练："只有客观地还原成功的真实过程，尤其是那些关键的转折点，我们才有可能提炼出有价值的成功要素。"

开始进展很顺利，为什么客户突然就犹豫了呢？他们到底在担忧什么？我们对按时交付已经绝望了，又是什么让我们重新燃起了一丝希望？我们发现了什么？想到了什么？这些都是整个棋局的胜负手环节，需要我们特别关注！

小马："嗯，聚焦转折，客观认知。我记住啦！接下去要怎么做呢？"

镜子教练："接下来，我们就要从成功的真实过程中提炼要素，总结规律了。"

5.2.2.2 提炼要素，总结规律

提炼关键成功要素（Key Success Factors，KSF）是总结规律的前提。

雷军在 2023 年度演讲中分享了自己几次成功和失败的创业经历，并总结出他认为对创业成功至关重要的几个因素：内心的热爱、技术水平、不眠不休的投入、商业基本功、互补的合作伙伴、志同道合的团队……这些都是创业的关键成功要素。每个要素背后都是一段精彩的经历，对众多创业者是非常有启发的。

如何进行关键成功要素的提炼呢？在这方面，有许多工具可供使用，鱼骨图就是其中被普遍应用的一种。通过还原成功事件过程，我们可以提炼出其中的影响要素。比如，哪些转折点带来了启发？我们是如何从谷底走出来的？事

情是如何开始好转的？哪些因素起到了关键作用？关于创业的关键成功要素的鱼骨图示例，如图 5-1 所示。

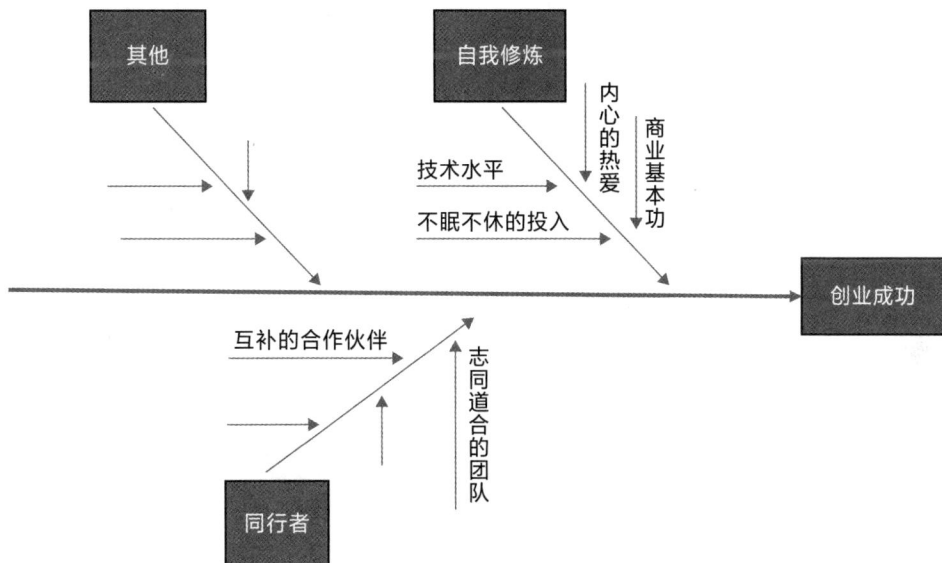

图 5-1　创业的关键成功要素的鱼骨图

镜子教练提醒：无论选用什么工具，我们都需要持续关注对新要素的发掘。在一次次的实战经验中，通过对关键转折点的不断回顾和提炼，拓宽团队的认知广度与深度。

小马："接下来，如何总结规律呢？"

镜子教练："我们需要从各要素之间的关系中寻找规律。"

首先，我们要观察各要素间的相互作用，如压力和情绪刺激食欲提升、心情沮丧导致控制力下降，这些都是正向作用；而运动量减少导致体内垃圾堆积，则是负向作用。理清了各要素间的相互作用后，再来思考良性循环是如何产生的，恶性循环又是如何形成的。通过对客观规律的探索，我们就可以锁定最关键的要素，进而打破恶性循环，建立良性循环。

例如，某直播间在复盘中发现了以下规律，并破解了直播间口碑良性循环与恶性循环的形成过程，如图 5-2 所示。

规律 1：合作品牌的流量承接能力是关键，它们会决定用户的体验感，进而影响直播间口碑与直播间的持续影响力。

规律 2：产品质量和品牌自身销售能力也对直播间口碑起到正向作用。

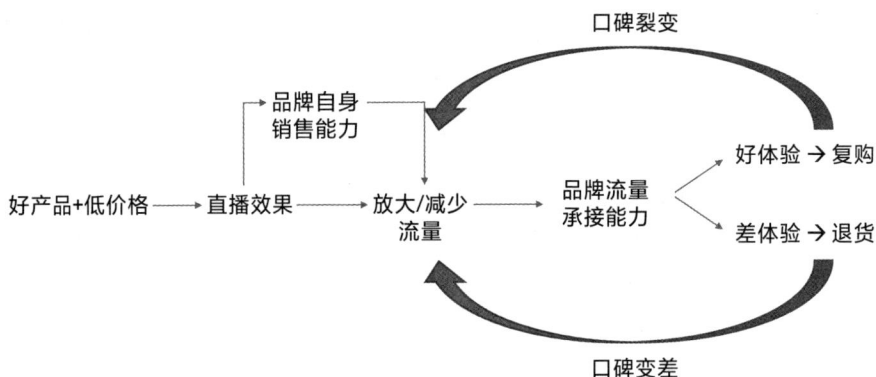

图 5-2　直播间影响力规律示例

镜子教练提醒：总结规律就是从实战经验中找到每个要素间的相互关系，探索打破恶性循环和建立良性循环的关键点。通过对规律的总结，团队成员对这项工作产生了更加全面和深入的理解。

5.2.2.3　沉淀方法，扩大战果

通过沉淀方法，我们可以把一次成功转化为持续的胜利。

镜子教练："你认为找到客观规律后，这个直播团队今后要怎么做呢？"

小马："他们可以在选品上采取一些措施，遇到承接能力欠佳的品牌就要拒绝；对已合作的优质品牌，可以加大合作力度，因为他们自带销量放大器；在寻找新品牌合作时，也要重点考虑该品牌的流量承接能力和自身销售能力等，对符合条件的优秀品牌，在支持力度上可以做更多倾斜。"

镜子教练："非常棒的复盘！你找到了可以继续保持、停止和开始的动作。"

继续保持、停止和开始，这三项正是复盘工具（Continue Stop Start，CSS）的三个构成部分。通过 CSS 工具，我们可以将一次成功的方法沉淀下来，将一次成功转化为更多的胜利，并在同类工作场景中进一步应用和扩大战果，如表 5-4 所示。

表 5-4　CSS 复盘示例

保持（Continue）	停止（Stop）	开始（Start）
与已合作的优质品牌继续保持合作	与承接能力欠佳的品牌暂停合作	• 寻找新品牌合作时，重点考虑品牌的流量承接能力和自身销售能力等 • 对符合条件的优秀品牌，在支持力度上做更多倾斜

那么，如果想要进一步固化流程、提升能力，该团队还可以做些什么呢？

小马："可以在流程中提高对选品环节的监管标准。通过固化流程，将有效的操作标准化。"

镜子教练："非常棒！当我们把踩过的脚印铺成柏油路时，就会大大提升团队的通过速度！这就是固化流程和机制所起到的作用，它们会极大地提升团队的工作效率和后续的工作成果！"

镜子教练提醒：在建立良性循环的关键环节上，借助复盘工具沉淀方法并应用到同类场景中，团队可以进一步转化成功经验；如果通过流程和机制将成功经验进一步固化下来，则会大幅提升团队的作战能力。

5.2.3　向失败教训学习的要点

小马："那么如何复盘红灯项呢？有什么要诀吗？"

镜子教练："复盘失败教训的要诀，可以总结为四句：调整心态，拥抱失败；客观还原，深挖极值；挖掘根因，彻底解决；提炼规律，优化机制。让我们来一一展开。"

5.2.3.1　调整心态，拥抱失败

复盘红灯项时，我们依然要先客观还原事情的全貌。但难点在于，大家并不情愿提供完整的信息。没错，还原失败的过程需要突破人的心理防线，这也是很多团队倾向于简单下结论、草草结束的内在原因。因此，我们需要调整心态，拥抱失败。

"我没有完成任务，辜负了大家的信任。""他们会不会责怪我、嘲笑我？""我犯错了，会受到惩罚的。"这些内心深处的声音时常对人们造成干扰，导致产生愧疚感或羞耻感，甚至是对失败的恐惧。因此，卸掉沉重的心理负担，是整个团队首先需要做到的。

超级细胞（Supercell）是一家全球知名的芬兰移动游戏公司，以《部落冲突》《卡通农场》《海岛奇兵》等作品广受玩家喜爱。该团队保持旺盛创新活力的一个秘诀就是"拥抱失败"的文化。他们甚至会把每个失败的项目看作值得庆祝的胜利。因为这代表着团队成功地感知到了风险，并及时做出了调整，防止了错误的发生。在他们看来，这是让团队更成功的关键。

这种企业文化非常值得我们学习。我们在观念和心态上都需要发生改变，

要对失败保持更加开放与包容的态度，建立真正的**试错文化**。正如"失败是成功之母"这句至理名言所揭示的：孕育成功的过程，必然会经历一系列的失败。哪有幼儿能够不摔一跤，就学会走路呢？从失败中学习，才能让我们更接近成功。因此，我们要用喜悦的心态拥抱失败，就像幼儿学习走路一样，珍视向失败学习的过程。

小马："调整心态，拥抱失败！这样大家才会不遗余力地还原事情的全貌，并有所发现。我也要为团队卸下心理负担，让大家从失败中学习，为失败而欢呼！"

5.2.3.2 客观还原，深挖极值

除了拥抱失败的心态，我们还要尽可能地让事情全貌浮出水面。我们对成功项会重点关注事件的转折点，那么对失败项要关注什么呢？我们需要在更充分的数据中寻找线索，尤其对那些显示出极值的"小数据"更要重点挖掘。例如，某个客户投诉或某场意外事故，这些"小数据"的背后很可能潜藏着更深层的问题，我们需要进一步挖掘与提炼。

小马："这就像处理用户的投诉，只看量化评分很难客观还原事实。我们还需要阅读用户的评论，如他们在抱怨哪些功能，甚至可以通过用户使用过程的视频，观察其使用场景，判断问题出在哪里。"

镜子教练："没错。我们要在还原真相上下足功夫。"

小马："客观还原，深挖极值。这点我记下了。"

5.2.3.3 挖掘根因，彻底解决

小马："如果一个问题反复出现怎么办呢？就像我们的跨部门协作和客户投诉问题，始终没得到根本解决。"

镜子教练："要想彻底解决顽固问题，就要挖掘根本原因，提供彻底的解决方案。"

市面上有不少关于挖掘根本原因的工具，我特别推荐 5why 分析法（5 问法），它非常简单实用。5why 分析法源自丰田公司，通过不断地追问为什么，起到透过现象挖掘本质的作用。

爱因斯坦总结自己的成功原因时曾说："并不是我很聪明，我只是和问题相处得比较久一点。"而失败的经验恰恰为我们提供了提出好问题的契机。将 5why 分析法应用于对失败项的复盘时，我们就能借助问对问题，穿透表面而深入本质，并将问题连根拔起。

小马通过 5why 分析法找到了协作问题的原因。他面临的问题是：产品部因响应不及时常被其他部门投诉。为何响应不及时呢？通过审批流程的数据发现，流程在经理审核环节中拖延的时间最长。小马由此层层深入，追问根本原因。

1. 为什么经理审核总推迟？　→　提交流程时需求不明确，需进一步沟通。

2. 为什么提交的需求不够明确？　→　客户需求复杂、流程中难以体现。

3. 为什么流程中难以体现？　→　因为未对新的业务类型设计新的流程模板。

4. 为什么未设计新流程模板？　→　因为部门考核的是交付任务量，大家不关注此项。

5. 为什么考核中只关注交付量？　→　目标分解时只进行了指标的拆解。

经过一系列追问，现在小马会如何考虑解决方案呢？

小马："我们要先修改需求流程，增加定制化需求的模板；接着，对员工培训以确保其能提出高质量的需求。最关键的是，我们的目标需要重新梳理，不能只体现任务量，要突出目标达成的效果和质量；我们也要把设定目标的正确方法赋能给团队，杜绝类似现象换个形式再次出现。这样，我们就可以从根源上解决问题，避免每次都要像救火一样催促流程。"

镜子教练："很好！"

镜子教练提醒： 团队领导者的关键职责之一是发现影响团队效能的潜在障碍，并运用自己的影响力予以消除。5why 分析法可以帮助我们更接近问题的本质，发现那些隐藏已久的真正问题。

5.2.3.4　提炼规律，优化机制

我们在"向成功经验学习"中，已经介绍过提炼规律的方法。值得留意的是，失败的经验往往更能带来惊喜，让我们发现之前没有注意到的要素以及这些要素与其他要素之间的关联，使团队的认知框架变得更加完整。

雷军在 2023 年度演讲中，分享了小米在影像探索研究中的失败经历与反思过程。当时，小米相机部已将技术配置做到了全球领先，参数也达到了顶峰，但产品上市后还是遭到用户的广泛批评。团队经过痛苦反思，终于意识到"参数到顶并不代表拍照好，更不代表用户满意"。怎样能让用户拍出满意的好照片？小米团队找到了影像领域的"师父"——徕卡，并与之建立战略合作关系。通过连续开设内部摄影班和举办盛大的摄影展，徕卡这位"师父"帮助小米团队种下了摄影文化的"种子"。团队开始理解用户的真正需求，并最终在影像产品上收获了巨大成功。

镜子教练提醒：还原失败的全貌，尤其是其中的一些特殊细节，并提出好问题来挖掘根本原因，能够帮助团队彻底解决问题。如果能在失败中发现被忽视的新要素及其对整个过程产生的影响，进而将对新规律的理解固化到流程和机制中，团队就能在失败中快速进化。

5.2.4 认知进化，更新目标

对照成长方程式，我们通过对实战中各要素及其相互关系的分析，提炼了方法，优化了流程与机制，提升了应对挑战的能力。然而，对于团队的集体智慧呢？虽然流程和制度有助于组织能力的提升，但如果团队成员的内在没有成长，还是会受到固定思维模式的局限，在不同地方重复犯同样的错误。因此，我们需要提升团队的认知水平，即整个团队的集体智慧。

5.2.4.1 自我认知是最难且最重要的事

希腊德尔菲神庙前的石柱上刻着一句振聋发聩的神谕："人啊，认识你自己。"认识自己是最本质的问题，也是最需要智慧的。很多时候，我们并不知道自己真正需要的是什么，以至于选择了错误的目标或路径，导致走错路、走弯路，最后被副作用反噬。所谓"吃一堑，长一智"，唯有亲身实践后的领悟，才能带来清醒的自我认知，从而做出更有智慧的抉择。

"同一个产品，认知转变后，决策完全不同。"雷军的这番话在小米影像探索研究中得到了印证。团队在深度复盘中认识到，用户体验才是最重要的，用户希望拍出让自己满意的照片。这一认知转变带来了成功的决策。雷军自己也因为理解了摄影爱好者的需求，最终毫不犹豫地通过了摄影套装产品的立项，并收获了巨大成功。"只有认知的突破，才会有真正的成长！"小米团队的认知突破继续支持着公司的科技战略，未来他们将在人工智能方向加速发展。

5.2.4.2　我们要如何刷新认知呢

在对实战的复盘中，我们需要留意更多的利益相关方及其真实关切，并且要了解他们之间又是如何相互影响的。实战中的团队如同人在旅途，会移步换景，对每个群体都会逐渐看得更加真切。我们需要把这些新发现及时整合到整体认知中，协助团队调整下一段路线与工作重点，朝着终点迈进。

这一点在小米团队对徕卡的态度上得到了很好的体现。在影像产品失败之前，小米团队曾两次收到徕卡的合作意向，但他们都拒绝了。因为他们认为与徕卡合作很有挑战性："徕卡与其他品牌合作了五年，做得非常好，我们能超越吗？如果不能超越，会不会成为行业笑话？"团队只看到了风险，而未留意自己真正需要的价值，将徕卡视作了竞争者的延伸。失败后的深度复盘让团队对用户摄影需求和公司自身成长有了全新的认知。此时，他们才认识到，在影像界徕卡是最好的老师。事实也证明了这一点，徕卡帮助小米在影像领域取得了显著的成长与后来的巨大成功。

需要提醒的是，我们需要认清不同要素的作用周期不同，否则就会选错焦点。例如，学习影像经验是比较慢的，而舆论反应的速度则要快很多。跟着舆论跑看似很聪明，实际上却是在浪费时间甚至原地打转，这对抵达终点没有实质性帮助。

小马："节食能迅速变瘦，但对健康的影响却要经过更长时间才有所体现，很多人因为看不透这一点，就会牺牲健康而选择节食。"

镜子教练："没错。大家容易忽视那些显现得慢但却更为重要的要素，而把焦点错误地集中在快反应上，最后被其反噬。"

小马："要看透这一点，再设定目标时才会做出截然不同的正确选择！"

镜子教练："是的！在这一点上，慢即是快！"

镜子教练提醒： 我们只有认识到什么是最重要的，才能清晰判断目标是对还是错，进而重新校准 OKR 目标。

2024 年 8 月 31 日，在香港都会大学的交流活动中，奥运会乒乓球混双冠军孙颖莎代表内地奥运健儿发言。在刚刚结束的巴黎奥运会中，孙颖莎为国家赢得了乒乓球混双和女子团体两枚金牌，但却遗憾地与女子单打金牌失之交臂。她在发言中谈及这段深刻的心路历程，非常令人动容。

在奥运会闭幕式上，孙颖莎作为亚洲运动员代表与国际奥林匹克委员会主席巴赫及其他各大洲的运动员代表们一起"吹"灭了奥运圣火。原本有些失落的她，在那个瞬间忽然感到了幸福与释怀，"我觉得世界很大，未来有无限可能。"那一刻的她在心中感谢自己曾经无数次的挥拍，以及那些数不清的挥洒汗水的日子；更自豪于祖国的强大，以及乒乓球队的优良传承。"没有祖国的日益强大，就不会有我们在国际舞台的闪耀。奋斗是青春最亮丽的底色。"当孙颖莎谈及这一切时，她已超越了成败的外界定义，而拥有了更为广阔的视野与深刻的认知。"人生就是要拿得起放得下，胜败乃兵家常事，输赢只在一时，唯有追梦，永远在路上。有一个梦想，能够让自己拼尽一切去为之奋斗，我觉得这就是最大的幸福。"

孙颖莎这段发自内心的话语透露出，一名优秀的运动员是如何蜕变成伟大的运动员的。能够持续回归本心，从心路历程的酸涩与喜悦中淬炼出养分，不断刷新自身对奥林匹克精神的真切认知，能够不被胜负所定义，不断超越对人生旅程的认知，这一切都促使她成为更加伟大的运动员，成就了更加闪耀的自己!

同理,如果具备了深度复盘能力,我们不仅能从自身实战经验中获得认知的提升,同样能够见微知著,从一家企业的经历中洞悉整个产业生态的本质,进而做出更加身心合一的明智决策。

小马:"我们都需要在新的认知框架下,不断更新现阶段所应聚焦的目标。这是复盘最重大的价值!"

镜子教练:"是的!"

镜子教练提醒: 在复盘中,我们不仅要审视全局,发现新的要素及它们之间的相互作用,还要重新评估哪些要素的作用快速,这是否符合我们的使命选择;同时也要识别哪些因素虽作用缓慢,但我们仍须坚持。在此基础上,重新聚焦价值定位,选择正确的目标 O 和关键成果 KRs。

5.2.5 实战案例:一家半导体公司的创业奇迹

田十精材的 OKR 目标以双月为周期,在第一个目标周期结束后,团队召开了复盘会。团队成绩斐然,但也遇到了不少困难,积累了很多困惑。有些成功似乎是靠运气,而有些困难则出乎意料。在客观还原事件过程后,大家总结出及时交付、团队协作、组建团队的关键要素。经过该阶段的探索,大家也提炼出很多经验,并将一些原则固化在流程中,指引团队未来的工作。此外,大家还进一步刷新了认知,并对下一阶段的目标进行了调整。

团队提炼出的部分经验如下:

● 当检验新产品时,应先明确几类权威检测的设备与标准。

- 当确认客户需求时，研发人员应一同前往客户现场，深入研究使用场景，确认关键参数与度量方法。

- 当准备批量交付新产品时，应优选符合该类产品运输标准的物流供应商，并通过长期合作协议的谈判，缩短揽收与运输时间至 × 天。

- 当招聘新成员时，应把价值观考察放在第一位。选对人是确保高质量交付的关键。

在刷新认知上，"检测结果"这个要素引起了大家的重视，它会直接影响市场的认可度。由于行业的检测标准被国外巨头控制，所以团队必须匹配他们的标准，适应不同的检测设备。检测稳定性直接影响着产品质量的可信度。因此，提高不同检测设备的稳定性与适应性是当务之急。

认识到了这一点，团队立刻调整了下个双月 OKR 目标。大家认为，按原定目标集中火力攻占市场，冲刺销售额，风险太大，可能会牺牲掉公司的好口碑和未来发展机会。是否要废弃销售目标呢？不！该目标并非当下的聚焦点，但在翻越过"检测适应性"的山头后，它将成为下一个冲刺高地。因此，大家决定将"攻克检测适应性"作为接下来的重点目标，并将销售额目标变成一个可延展的目标，放在下个周期再考虑。

这一决定令大家感到安心，并获得了高度认同。在齐心协力攻克了检测障碍之后，田十快速获得了市场的认可，客户的订单也接踵而至，销售额飞速提升。

通过田十精材的案例，我们看到团队的智慧涌现过程，如同小马过河一般，只有亲自蹚过这段路，经过实战的亲身体验，我们才能更清楚地认识到什么对自己最重要，下一步的落脚点应该放在哪里。当然，在这个关键的节点，田十同样借助了教练这一外部力量，帮助团队实现了认知上的跃升，从而加速了团队前进的整体进程。

　　深蹲，是为了更高地跃起！如何在复盘中收获真正的成长？我们可以聚焦于 OKR 红灯项和绿灯项，通过客观还原事件的过程，提炼关键的影响要素；并借助不同工具，分析各要素间的相互作用，打破恶性循环、建立良性循环；同时从全局出发刷新认知，识别不同作用周期，冲出短期陷阱，回归初心，锁定真正的重要目标。

本节练习

你可以基于以下四个问题，梳理增强团队复盘深度的思路。

Q1：请通过系统认知方程式（系统＝要素 × 关系 × 功能），反思自己团队在复盘中是否刷新了系统认知。在哪个环节认识得更清晰？哪个环节仍需进一步提升？

Q2：你可以借鉴以下"向成功经验学习的要点"和"向失败教训学习的要点"清单，并勾选出自己团队下次复盘时需要注意的环节。

向成功经验学习的要点：

● 聚焦转折，客观认知；

● 提炼要素，总结规律；

● 沉淀方法，扩大战果。

向失败教训学习的要点：

● 调整心态，拥抱失败；

● 客观还原，深挖极值；

● 挖掘根因，彻底解决；

● 提炼规律，优化机制。

Q3：团队在复盘中发现了哪些新要素、新关系？对打破恶性循环、建立良性循环有何发现？

Q4：经过重新审视，团队的目标有效性与合理性如何？

行动计划

基于以上团队复盘的思路梳理，我打算_____。

开始时间：_____，结束时间：_____。

产出成果：_____。

需要谁提供哪些协助：_____。

第 6 章

鼓励贡献的激励

人性中最深切的本质，就是渴望被别人欣赏。

——威廉·詹姆斯

▶ **章首故事：激动人心的村超**

队员们簇拥在球场边，雀跃着举起两只大猪蹄，脸上乐开了花。

这是发生在 2023 年火爆全球的贵州村超[①]上的一幕。猪蹄、牛羊或大鹅是每场比赛的奖品。如此接地气的奖品，为比赛增添了欢乐的氛围，相比之下，奖品的物质价值显得微不足道。

这场贵州山村里的足球赛事，引发了全国人民乃至全球的关注。村超球场最高上座数达 5 万人，全网超 6 亿人次在线观看村超直播。全网全平台综合流量突破 350 亿次，关注度远超中超。村超的持续热度带来的经济效益同样令人赞叹，一个月内，榕江村吸引了 42 万余人次的游客；仅在 5 月，村超就为榕江县带来了超过 107 万人次的游客，综合旅游收入超过 12 亿元，同比增长 52.08%；在国庆、中秋节日期间，榕江村旅游业再创高峰，接待游客约 46 万人次，同比增长 741.1%，旅游综合收入 5.64 亿元，同比增长 855.9%。

---

① 贵州榕江（三宝侗寨）和美乡村足球超级联赛的简称。2023 年，各类媒体及自媒体对贵州榕江村超进行了大量报道，在网络上引发了无数网友的关注与热评。

是什么让村超备受瞩目呢？在村超比赛中，"世界波""彩虹过人""鱼跃冲顶""倒挂金钩""后脚跟进球"等精彩瞬间让人惊艳，吸引着游客潮水般涌向榕江县城。村里临时搭建的三层看台挤满了热情的观众，连球场边的空地都站满了观众。人们来到贵州榕江，参与幸福村超，参与一场纯粹的足球赛成了最令人向往的事情。名嘴解说员韩乔生和黄健翔前来助阵，球星范志毅也来带队参战，而水木年华的现场助唱更是堪比演唱会。传奇球星欧文和梅西都发来了隔空祝贺。

那么，是什么燃爆了村超？是人们心中对足球、乡土、人间烟火的热爱，是它们所带来的纯粹快乐。出于对足球的热爱，村民们众筹经费参赛，有请假回乡踢球的农民工，还有鱼贩、司机、餐馆老板、老师、学生等，比赛阵容群英荟萃，年龄从 15 岁到 45 岁不等。为了表达对乡土和人间烟火的热爱，父老乡亲们身着绚丽多彩的民族服饰，带来了《侗族大歌》等精彩表演，并敲打锅碗瓢盆欢乐助威。同时，他们还为观众提供丰盛的美食，让其在欣赏表演之际，也能获得全方位的民俗体验。

更难得的是，村超去商业化、持续几个月的狂欢竟然"零宰客"，完美的用户体验让极致口碑迅速传播。他们是怎么做到的？因为村民们追求的不是物质利益，而是整个地区的可持续发展。由此从初心出发，各村县集体破除了短视思维。这一做法带来的是超预期收入和来自各地投资商的合作意向，以及不断涌来的各地球队的参赛请求。村超下半年的赛事安排被很快约满，第二年更是迎来了世界各地朋友的踊跃参与。

村超成功激发了全体村民的热情，堪称乡村振兴的典范。它将人们心底对足球和乡土的热爱以及对幸福生活的向往无限放大，其视野远超物质层面，超越了足球本身，甚至超越了文化的整合。从纯粹的精神体验上，村超将这场盛会推向高潮，并激起持续的涟漪。

那么，作为团队负责人，你会如何激发小伙伴们的热情，打造属于你们的"村超"呢？让我们一起来把握激励的总原则，用好物质激励与精神激励。

6.1　把握原则，别让不恰当的考核拖后腿

很多团队负责人常常大谈激励，但一遇到考核就为难了，大家跳不出"激励是激励，考核是考核"的怪圈。为此，让我们一起摆脱激励的三大误区，掌握有效激励的四大原则，借鉴标杆企业的实践经验，克服应用上的难点。

6.1.1　搞不定的绩效考核

距离完成绩效考核期限只剩三天了，小马很头疼。绩效 A 和 B 的名额总共只有三个，分给谁好呢？按 OKR 打分，小王、小李和大力更突出，但晃晃和小红的能力及他们对团队目标的贡献也有目共睹，只是无法在个人 OKR 打分中体现。小马感到左右为难，担心分配不均，激励力度不够，会留不住人心。面对这个世纪难题，你会怎么做呢？

小马硬着头皮找 HR 谈判："能不能再多给一个名额呀？实在不够分啊！"

HR："不行。公司要求符合正态分布。"

小马："那在调薪或晋升上多给点倾斜，总可以吧？激励资源这么少，明年

这支队伍还怎么带呀？"

HR："我也没办法。"

最后，小马被逼无奈，只好玩起了戏法。他把 A 和 B 的绩效结果和对应的高额奖金分给了小王、小李和大力，而把大幅度涨薪的待遇给了晃晃，小红则得到了晋升。这样一来，总算把一碗水端平了，小马长舒了一口气。

但令他万万没想到的是，年后晃晃和小红竟然双双辞职。他们获得了更好的工作机会，实现了晋升和涨薪。更糟糕的是，在新一年的目标中，团队成员开始找各种理由推脱挑战性的高目标，小马被拉进了尴尬的讨价还价的旋涡中……

你认为，小马为何会陷入如此境地呢？接下来，让我们一起帮小马做个梳理。

6.1.2　跳出三大激励误区

在为小马进行梳理的过程中，我们发现了以下三个 OKR 激励中的常见误区。

6.1.2.1　OKR 打分直接与考核挂钩

你认为员工为何讨价还价？

问题就出在考核机制上！OKR 打分直接与考核挂钩，那谁还敢设定挑战性的目标呢？将 OKR 打分直接与考核挂钩，会让大家对达成目标的难度产生畏惧，不敢自我挑战。这样的机制设定了错误的游戏规则，有违 OKR 激发内在动机的初心。

错误的游戏规则必将刺激颠倒的行为。按打分来考核的规则，激发的不是为高目标奋斗的激情，而是对达不成高目标的焦虑与恐惧。于是，绝大部分员工会很现实地适应真实的游戏规则，这限制了大家的热情与创造力。因此，我们所要做的不是用恐惧去助长恐惧，而是用信任去灌溉信任。

小马："嗯！我们不该让'低目标的人有糖吃'，而应该让敢于梦想、勇于创造的人成为英雄！"

镜子教练："没错！"

镜子教练提醒： 在绩效考核中有一条铁律，就是考核结果必须真实地体现一个人对总体贡献的价值。这个游戏规则一旦建立，员工行为才不会被打分绑架，而是真正与我们所倡导的价值创造方向保持一致。

用 KPI 考核行不行

小马："既然 OKR 打分不能直接与考核挂钩，还是用回 KPI 吧。"

镜子教练："其实，无论 OKR 还是 KPI，单凭打分都无法完整地体现一个人对总体贡献的价值。尤其在不确定的环境下或探索未知的领域时，打分并不能衡量人的主动性和创造性。"

我们可以准确预估机器的效率，但永远别指望精准预测人的自主性与创造性。例如，小马团队的晃晃总喜欢自发给其他团队提供实质性的帮助，其自主贡献行为不可预设，无法在目标打分中体现。同样，小红的意外创造也无法提前预设，她虽然解决了新型需求中的大问题，却无法在目标打分中体现。不合理低分令真正的贡献者心中不平，最终愤然离职。

如果换成 KPI 打分又会如何呢？

小马："恐怕会更糟，那样大家就只关注个人指标，不关注个人对团队的贡献，更看不到高价值的付出。"

镜子教练："是的！所以，任何形式的打分，都不能完整地体现一个人对总体贡献的价值。在这一点上，无论 KPI 还是 OKR 的打分，都不能直接作为考核结果来使用。"

小马："可为什么过去能用 KPI 打分来考核呢？"

镜子教练："其实在 KPI 时代，直接用打分作为考核结果也是比较危险的，因为这无法体现公平和公正。"

很多大公司为避免出现讨价还价、轮流坐庄等不合理现象，都付出了极大的努力，以维护游戏的公平性。我的老东家通用电气（GE），每年会用一个季度的时间来搜集绩效数据和进行绩效评定，并组织各层绩效校准会议，讨论出合理的绩效等级结果，以确保对价值的客观评估。而在不确定时代，目标打分与价值之间的差距更加明显，这一点大多数公司都有体会，以目标打分作为考核结果无法体现对价值的评估与激励。

镜子教练提醒：无论是 OKR，还是 KPI，都不能直接将目标打分与考核挂钩，因为任何打分都无法完整地体现一个人对总体贡献的价值。**打分并不能代表绩效结果，只有符合正确游戏规则的结果，才是站得住脚的绩效结果。**

OKR+KPI 双轨并行可以吗

小马："有些公司是 OKR+KPI 双轨并行，用 KPI 打分来考核，用 OKR 来做过程管理，这样可以吗？"

镜子教练："这样做没有必要，甚至弊大于利。"

我们不妨审视下年度 OKR 与年度 KPI 的重合度。假如重合度高，这种双层套娃规则又有何意义？除了让员工重复填写几套表格而引来怨声一片外，还会为 HR 带来难以解决的麻烦。这是在为员工添负担，在团队内部制造内耗，拖效率的后腿，绝非明智之举！

假如年度 OKR 与年度 KPI 不一致，又会如何呢？请问员工会更关注哪一个？

小马："肯定是哪里有糖吃，就往哪里去。KPI 已经够难的了，谁还有精力想 OKR 呢？"

镜子教练："真正的游戏规则能够让大家感受到真实回报，而不是口头宣传。"

小马："是呀。大家都去抢糖吃了，恐怕我们又要回到忙而无效的老路上了。重要的事没人关心，要达成战略目标就更难实现了。"

KPI 的分解会限制创造性的激发，阻碍跨部门之间形成合力。当每个人都只关心自己的"一亩三分地"，而无视整块土地的健康状况时，很容易造成"1+1<2"的情况。即使每个人的 KPI 都达成了，团队的目标也不一定能实现，公司战略目标的达成就更遥遥无期了。

镜子教练提醒：OKR+KPI 的双重规则，是源于对打分的执念而进行的重复划线。它可能会刺激员工放弃突破与协作的宽广大道，转而不择手段地走上崎岖的小路。OKR+KPI 的双重规则给团队带来的伤害远大于短期的便利，是一种掩耳盗铃的自我欺骗。

6.1.2.2　把 OKR 当作考核工具

还记得我们落地 OKR 的初心吗？是为了激发团队活力，有效地执行战略。

而在现实中，很多人却把 OKR 当作考核工具或绩效管理工具来使用，这说明他们并未真正理解 OKR 是什么，忘记了 OKR 的初心。

既然 OKR 不是考核工具，那用什么来考核呢？等一下，让我们先来认识下考核这件事。

传统的考核手段简言之就是"胡萝卜加大棒"。它关注外部刺激，企图用外部刺激驱使员工完成目标。本质上，这种考核手段是把人当作生产工具去实现领导的"想要"，而不是员工自己的"想要"。德鲁克曾批判"胡萝卜加大棒"的方式，称："胡萝卜是利诱，大棒是威胁，两者都是在利用人的弱点，即人性中的贪婪和恐惧，去操控工作者。这与管理的本质背道而驰。"

现在，再来看看激励与考核的关系。请问，激励与考核，谁是目的？谁是手段？

小马："激励才是目的，考核手段只是为了更好地激励。"

镜子教练："没错。如果考核不当，起到了反向激励作用，那又会如何呢？"

小马："那可就麻烦了。我之前为了完成团队考核工作，草率上报绩效结果，不但没有激励到员工，反而引起了他们的不满和辞职。"

镜子教练："这就是考核反客为主的后果。"

小马："是啊，多么痛的领悟。"

激励的目的，是为了让大家以更加投入的状态来工作。一旦考核不当，员工容易心生怨气，甚至挖空心思耍手段，那就从根本上违背了激励人心的初衷。这就是我要提醒的第二个误区：把考核的手段当成了目的，把 OKR 当成考核工具来用。这是舍本逐末，这种荒谬做法依然没有摆脱绩效主义的老路。

小马："其实我发现，'胡萝卜加大棒'也不太管用。晃晃和小红就是反例，吃了'胡萝卜',最后还是说再见了。"

如今,"胡萝卜加大棒"的手段经常会失效。相较于绩效主义者粗暴地把人视作雇佣关系下的生产工具,真正的激励者则把人视作完整的人,他们认为人不仅拥有工作能力,还拥有一腔热忱与个人抱负。就像德鲁克曾提出的:"管理的本质,其实就是激发和释放每一个人的善意。管理者要做的是激发和释放人本身固有的潜能,创造价值,为他人谋福祉。"

因此,真正的激励者会激发出每个人真正的内在动机,让他们发自内心地产生"我想要这样做"的想法,而不是为了满足别人的期待。这样,工作的意义感和成就感就会点亮并滋养他的内心。目标管理的闭环不应结束在发奖金的形式上,而应结束在激励人心的成果共庆上。我们不仅要庆祝共同的成果,更要庆祝每个人所贡献的价值!我们需要超越形式,体现足够的真诚!

镜子教练提醒: OKR 应该被视作有效的激励工具,去点燃员工的热情,激发员工真正的内在动机,而不是作为加强外部刺激的考核工具。

6.1.2.3 将激励与物质激励画等号

为什么小马觉得激励资源不够用,队伍不好带呢?因为奖金、升职、加薪等都是稀缺资源,小马认为激励力度有限。

镜子教练:"以上这些都是物质激励手段。除了物质激励你还能想到什么呢?"

小马:"嗯,还有很多精神激励的方法,我忽略了。"

镜子教练:"没错。"

很多管理者都会陷入一个误区——将激励与物质激励画等号,因此总认为团队工作不好做。他们认为物质奖励是领导者唯一拥有的资源，而忽视了重要的精神激励。小马倾尽所有，换来员工因不满而离开；贵州村超两只猪蹄，却能震撼全球。这启发我们要在重要的精神激励上做出更多努力。

以上就是激励的三大误区：OKR 打分直接与考核挂钩、把 OKR 当作考核工具、将激励与物质激励画等号。那么，我们该如何做呢？我们需要牢牢把握有效激励的四大原则。

6.1.3　把握四大激励原则

在我看来，有效激励的逻辑可以归纳为以下公式。以此公式为基础，我们将展开讨论有效激励的四大原则。

$$成果导向的激励 =（精神激励 × 物质激励）^{成果}$$

6.1.3.1　激励需要成果导向

OKR 是成果导向的目标管理方法。我们所期待的不是个人英雄，而是全体抵达目的地！因此，我们要鼓励的不是获得更高业绩打分的个人，而是对总体成果做出更大贡献的个人。从这个原则看，小马只关注了如何将有限的物质激励资源分配给每个人，却没有在激励中体现个人对总体贡献的价值。虽苦心提拔却寒了人心，最后核心人才流失，这个结果是十分令人惋惜的。因此，只有遵循成果导向，激励才会令人心服口服，产生鼓舞人心的预期效果。

6.1.3.2　精神激励与物质激励并重

成果导向的激励需要精神激励与物质激励并重。精神激励的重点在于真正激发每个人的内在动机，而物质激励则代表了能够换取回报的游戏规则。只有面包而缺少鲜花和掌声，激励效果显然会大打折扣；但只有鲜花和掌声，没有面包的激励，则变成了画大饼。大饼画一次还可以，但如果一直画却不兑现，可就没人相信了！

镜子教练提醒：激励不是画大饼，更不是打鸡血。有效的激励需要物质激励与精神激励并重，即面包、鲜花和掌声都不能缺位。此外，物质激励和精神激励都必须基于成果导向的总体原则，我们不能一味围绕个人需求转，而需要导向更大的总体成果。这样，即便使用同样的激励手段，员工的内在动机也会被成倍激发！

6.1.3.3　物质激励需要论功行赏

请问，你觉得物质激励和精神激励哪个需要经常发生？

小马："当然是精神激励，物质激励太频繁，得消耗多少预算啊？"

没错，即使预算无上限，物质激励也不宜过于频繁，否则容易形成"钱不给够就不行动"的隐性规则，助长斤斤计较的恶习，这与我们激发自主性的初心是相违背的。正如管理畅销书《驱动力》的作者丹尼尔·平克所指出的，过度的外在激励对创造力与创新性努力存在负面影响，它会削弱内在动机、降低绩效、鼓励不道德行为、减少创造力以及助长短视思维。

而在实际工作中，管理者们却习惯动用物质激励来刺激员工的行为。一家企业曾发生过这样的奇葩事件。该公司为鼓励员工的创新行为，发布了创新奖励制度，员工的任何创新改进都可以得到一笔奖金……结果员工各显神通，将一个改进方案拆成好几个，领取多份奖金；还有人今年改从前的方案、明年再改回来，重复拿两次奖金。奖励制度不仅没有激发出预期的有效创新，反而令生产线蒙受了损失。这都是过度物质激励所导致的恶果。

以上创新奖励制度的问题在哪里呢？它滥用了物质激励，却忽视了对总体成果的影响。它刺激的是无门槛的奖金申请行为，于是引发了各种钻空子的乱象。

小马："那是不是物质激励不重要，我们只提供鲜花和掌声就可以了？"

镜子教练："当然不是。物质激励也很重要，只是相对低频。它代表着真实的游戏规则，需要清晰体现成果导向的原则，按照对总体成果的贡献大小来论功行赏。"

小马："要让对总体成果贡献大的个人，吃到更大的面包！"

镜子教练："没错！"

6.1.3.4　精神激励要即时发生

相比物质激励，精神激励需要更加频繁地、即时地发生。你认为如果精神激励滞后会怎样呢？

"那团队氛围肯定会很压抑。"小马说，"我发现，年底进行绩效面谈时，我认可员工的表现，他们的反应都很平淡。可员工满意度调查却显示，员工感受不到领导的认可。"

镜子教练："你看起来很失望。这为你带来了哪些觉察呢？"

小马："也许对员工来说，一年一次的认可太轻描淡写了。"

镜子教练："嗯，这是不错的发现。"

精神激励一定要在当下发生才最有力，滞后的认可会令效果大打折扣。

一位歌手曾说："每次我在台上表演完，都特别希望看到观众积极回应的眼神，等到走下台后，那个时刻就已经过了。"同样，团队小伙伴在摘取胜利果实的那一刻，若无人喝彩、无人分享，也会很落寞。没有什么比此刻得到一句真心的赞叹，更令人备受鼓舞的了。

镜子教练提醒： 精神激励需要即时发生，这会不断激发员工的内在动机，让员工真正感觉到被看见、被欣赏，从而不断重复积极的行为；并且，即时的精神激励也会让正确的行为在团队中快速复制。

6.1.4 激励要有节奏感

如何让精神激励与物质激励相得益彰呢？我们需要在 OKR 运行机制中，让精神激励与物质激励奏响各自的节奏，在团队中引发共鸣，创作出欢快的、鼓舞人心的交响乐。

在 OKR 的运行机制中，考核周期的大轮子就像乐队中的定音鼓，用来检验团队是否有效支撑了战略的达成，它是物质激励的主要依据；而目标周期这个小轮子则需要吹响每个阶段的前进号角，充分发挥精神激励的引领作用，让大家怀揣意义感踏上征程。在每个目标周期内，我们都要通过每月、每周和每天的 OKR 会议，紧锣密鼓地奏响团队前进的节奏，持续发挥精神激励的作用，激发团队在过程中的自主性与创造性，持续推进目标的达成。

6.1.4.1 谷歌的激励节奏调整

关于激励的节奏感，谷歌的调整给我们带来了深刻启发。2022 年 5 月，谷歌公布了公司升级后的 GRAD 体系，将绩效考核的周期从原来每半年一次延长至一年一次。同时变化的，还有对绩效等级的命名以及更频繁的上下级之间的对话与辅导。谷歌尤其强调，不必等到考核时再与下属对话，此类赋能员工发展的对话应该在平时工作中随时发生。谷歌 GRAD 系统的调整为我们带来了三点启示。

不要根据考核周期安排激励频率

为何谷歌要拉长考核周期，而让上下级间的对话更加频繁？此举目的在于，让代表物质激励的大轮子转得慢一些，而让代表精神激励的小轮子转得更加频繁，这样才能形成有节奏、有层次的有效激励。对比之下，很多管理者仅在绩效面谈时才想起要激励，这与谷歌过去的情况是一样的。管理者们粗暴地根据考核周期来安排激励频率，极大地削弱了对人的激励效果。

探索期的考核周期不可过短

在探索阶段的企业面对不确定环境，要选择合适的考核周期，才能将物质激励的效果发挥得恰到好处。考核过于频繁会限制团队的发挥空间。考核的定音鼓如果一直敲，不仅会加重团队的负担，扰乱团队成员的步调，还会极大地限制团队创造力的发挥。谷歌在员工满意度调查中发现："在考核流程上的精力过多且无意义，会影响大家投入真正有价值的工作。"

小马："我们行业节奏很快，可否使用月度考核来增强团队的紧迫感呢？"

镜子教练："团队紧迫感应当在目标周期内得到体现，而不是通过考核周期。我们要在目标周期内加强对团队自主性的激发，确保团队在每月、每周和每天都朝着目标积极行动。"

小马："可是如果没有更密集的考核，领导可能会不安心呀。"

别忘了，越是在快速变化的、不确定的模糊环境中，我们越难判断当前的指标是否符合我们真正想要的成果。为了满足领导需要的紧张感而设定的月度考核，可能会助长团队的短视思维，致使团队走弯路或跑错路。

小马："的确。我们市场团队就跑偏了，为应付短期考核而猛攻老产品市场，结果都没'子弹'推进新产品了，导致大家对创新越来越缺乏信心。"

镜子教练："确实存在这种情况。因此，对处于探索阶段的团队，我们不妨让子弹多飞一会儿，才能穿透迷雾，找到正确的方向。"

激励中，人心高于算法[①]

镜子教练曾对话谷歌前中国区域高管叶桥春先生，他认为：随着谷歌的持续发展，谷歌的两位创始人拉里·佩奇和谢尔盖·布林也在不断刷新他们的认知。在两位顶级天才的早期观念中，"算法至上"的观念根深蒂固。谷歌长达半年甚至一年的面试流程、频繁的绩效评估流程，曾被视为行业典范并被广泛流传。它们似乎都在传达一个信念："精密设计的流程可测算并甄选出顶级人才。"后来，两位创始人逐渐认识到，人才的自主性和创造力并非通过外力计算得出，而是需要由内而外地激发。因此，在这次调整中，谷歌特别强调领导者与下属的即时沟通和即时辅导的重要性。

创始人对激发人心的重视，也向团队领导者们提出了新的成长要求，这势必会推动他们向教练式领导者转变。

以上，我们学习了激励的三个误区、有效激励的四个原则以及对激励节奏感的把握。接下来，请结合所学完成你的应用转化吧。

---

① 镜子教练原创的文章《谷歌 OKR 加 GRAD 带来的启示》，记录了镜子教练与原谷歌华南区渠道部总经理叶桥春先生及 OKR 专家况阳先生就谷歌 GRAD 系统升级进行的深入探讨。这篇文章已被多个人力资源平台转载。感兴趣的读者可以通过关注镜子教练的微信公众号"mirror 的镜观其变"来查阅原文。

> **本节练习**
>
> 请对照以上所学，反思你的团队在激励上哪里做得好，哪里需要改进。
>
> ● 做得好的部分： _____ 。
>
> ● 需要改进的部分： _____ 。
>
> 请根据你的反思，列出你将在以下内容中重点关注的问题。
>
> ● 6.2 激励成果，优化物质激励机制
>
> ● 6.3 即时的精神激励

6.2 激励成果，优化物质激励机制

6.2.1 搞不定的团队

小马："既然物质激励需要真实反映个人贡献的价值，那么平均分配肯定行不通。"

镜子教练："是的，我们在奖励上应体现出明显差异。"

小马："麻烦就来啦！所谓不患寡而患不均，奖金少的人肯定心理不平衡，怎样才能让大家心服口服呢？"

你是否也有类似的困惑？既担心激励措施效果不佳，又担心众人会感到不公平。若想将物质激励做到位，不能仅凭领导的口头承诺，更重要的是建立有效的物质激励机制，做到真正的论功行赏，让团队成员心服口服。

6.2.2　价值激励公式

激励是为了鼓励大家贡献价值。因此，我们应该重视价值创造、价值评价与价值分配三要素。

为了清晰界定价值创造，我们需要确立明确的激励导向，并进行充分宣导，使人人心中有共识；为了进行更客观的价值评价，我们需要搜集完整、多角度的事实依据，以准确反映个人贡献的价值；为了进行合理的价值分配，我们应在明确的激励导向及充分的事实依据基础上，确保奖励分配与激励导向、事实依据的一致性。

因此，明确的激励导向、完整的事实依据和合理的奖励分配这三个要素缺一不可。任何一环出现问题，都无法真实地反映个人对总体贡献的价值。由此，我们得出了具有操作意义的价值激励公式，并可据此展开对激励机制的优化。

价值激励 = 激励导向 × 事实依据 × 奖励分配

6.2.3　物质激励机制的三部曲

如何对激励机制进行优化呢？我们将围绕物质激励机制的三部曲来详细展开。如图 6-1 所示，这三部曲分别是：明确的激励导向、基于完整事实的绩效评估与合理的价值分配。三部曲的落地帮助我们实现了有效的价值创造、价值评价与价值分配。

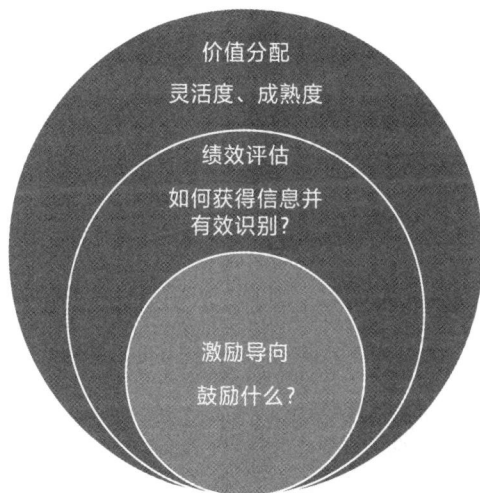

图 6-1　物质激励机制的三部曲

6.2.3.1　明确的激励导向

明确的激励导向是指明确公司需要个人贡献的价值，它是价值激励的基础。如果激励导向不够清晰，那么绩效评估和价值分配就无据可循，每个人都会根据个人标准来评判。即便评估流程再严谨，也难以让团队感到公平。

"他业绩优秀，可是我的协作能力强，难道协作不重要吗？"

"但我把一个小市场从无到有培育起来了，你知道这有多不容易吗？除了我，还有谁敢啃这个硬骨头？"

在无休止的争吵中，你发现了什么？激励导向真的清晰吗？在当前的战略节点上，你最希望团队发生哪些转变，以及希望大家努力攻克的是什么呢？我们需要基于战略重点及团队价值定位，来考虑努力的方向和要做出的改变。接下来，就让我们通过国内外公司的探索实践，打开新的视角。

案例 6-1

谷歌：立体的影响力

谷歌以其敢于梦想的文化和宏大的使命、愿景而著称，特别重视影响力。怎样才叫有影响力呢？谷歌关注三个维度的导向：对总体的影响、对他人的影响和对公司的长期影响。

以公式来表达，即：影响力导向 = 对总体的影响 × 对他人的影响 × 对公司的长期影响。

因此，谷歌不仅会评估员工对总体目标的贡献，还会考虑其为同事所提供的协作支持、协同策略，以及可复制的方法所带来的更深远的影响。

谷歌浏览器的成功案例非常典型。在负责人桑达尔·皮查伊（现任谷歌首席执行官）的领导下，项目团队从无到有，仅用 3 年多时间便击败了微软浏览器，成为最受用户欢迎的浏览器之一。其间，团队持续接近"活跃用户数达 1 亿"这个极具挑战的目标，最终以 1.11 亿的活跃用户数超额完成目标。这个团队为谷歌创造的价值如何？对照影响力的激励导向，他们不仅对集团活跃用户数的总体目标做出了巨大贡献，还通过极具创造性的广告，开启了人们对谷歌开源结构和强大整合功能的认知，并激活整个集团的沉睡用户，令其他事业部共同受益。此外，该团队持续 3 年多时间，屡败屡战，不断拓展边界去挑战不可能，这种敢于创造奇迹的精神，完美诠释了谷歌的文化，被奉为佳话。谷歌浏览器的传奇，体现了谷歌对不断超越自我精神的嘉许和对极致影响力的追求。

2022 年 5 月，谷歌在新升级的 GRAD 系统中再次强调了"影响力"这一激励导向。在对绩效等级名称的调整中^①，谷歌明确指出，只有具有变革性影响力和杰出影响力的员工才能获得高绩效评级。此举更突出了谷歌对影响力导向的聚焦，如图 6-2 所示。当然，为了与人才影响力的高要求相匹配，谷歌提高了整体薪资水平。这一系列举措透露出谷歌对顶级人才的定义刷新与策略跟进。那么你认为，在谷歌战略规划中，需要什么样的人才来创造怎样的价值呢？

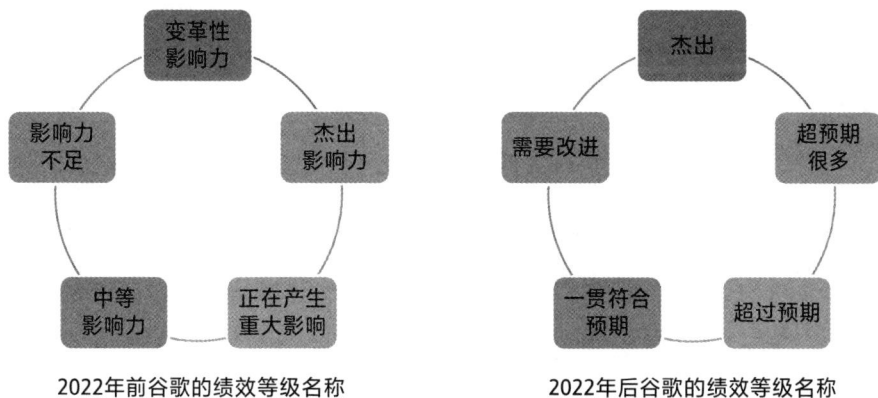

图 6-2　2022 年前后谷歌的绩效等级名称对比

案例 6-2

华为：各就各位快速转向

2022 年 8 月 22 日，华为心声社区发布了一篇题为《整个公司的经营方针要从追求规模转向追求利润和现金流》的文章。任正非先生在文中提及，全球将面临经济衰退和消费能力下降的挑战，因此华为应改变思路和经营方针，保证度过未

---

① 在谷歌的绩效管理体系中，管理者对绩效等级仅以简单的名称来明确导向，并没有对等级展开进一步的描述，更没有将其与打分挂钩。

来三年的危机。文章强调，要把活下来作为最主要的纲领，全线收缩和关闭边缘业务，把寒气传递给每个人。更进一步地，任正非指出"生命喘息期、生存基点、生存危机点、市场收缩、战略机会窗口"等重要战略关注点，并明确了与此相匹配的激励导向和激励机制调整。这一有力调整让庞大的团队迅速各就各位、完成了"向死而生"的伟大转身！

明确激励导向： 以现金流和真实利润为中心、保证产品质量与性能以及把握数字能源等战略机会窗口。

激励机制调整：

- **现金流与真实利润导向：** 不再以销售收入为目标，而以现金流和真实利润为中心。针对一线业务，拉大各事业部之间的差距和个人之间的差距，并且可以事后计算利润奖金池。

- **保证产品性能导向：** 为确保产品性能得到充分发挥，将对服务体系进行考核，重点评估其综合专业判断力，以提升客户体验。

- **保证产品质量与性能导向：** 产品线研发人员须对质量和性能进行反向考核。

- **战略机会导向：** 对于那些无法快速变现的工作，需要另行予以评判。

在 2022 年年报发布过程中，华为首席财务官孟晚舟女士表示，虽然年利润有所下滑，但年末净现金 1763 亿元，这足以支撑公司未来几年的投入。华为针对即将到来的寒冬已提前做好了充分的准备，其快速的适应和转向能力令人赞叹，而明确的激励导向对此起到了至关重要的作用。

了解谷歌和华为的激励导向案例后，现在的你有何感想？很多企业在转型中，团队迟迟动不起来，并不是因为没有激励，而是因为缺少有效的落脚点。

小马："激励还是得紧跟战略走。明确激励导向，就要先弄清楚我们团队需要为战略达成做出哪些改变？"

镜子教练："没错。如果激励无效，就还是要回到'激励导向'的原点上，想清楚你所期待的改变。"

小马："之前总觉得人人做得都很好是因为缺少激励导向，以致激励既无依据又无效果，成员们还不满意。"

镜子教练："是的。就像投向湖中的石子，必会激起持续的涟漪。若你没有激起半点水花，可能是没找到有效的落脚点。"

小马："嗯，缺少明确、有效的激励导向，激励效果也会落空。"

镜子教练提醒：我们需要在战略规划中明确团队接下来要发力的方向和需要做出的重大改变，并在考核机制中设定与之相符的游戏规则，保持一致的激励导向，通过宣导获得团队的共识。

6.2.3.2　基于完整事实的绩效评估

那么，有了明确的激励导向，接下来如何评估谁做得好，谁做得不好呢？首先，要问问自己，我们所期待的好绩效是怎样的？其次，还要问，我们得出的绩效结果有完整的事实依据吗？最后，问一问，我们如何来搜集完整的事实依据呢？

管理者在绩效评估中的难点是，往往只看到片面的事实，很难让人心服口服。因此，我们更需要从多角度搜集完整的事实，在今天 VUCA 时代下，创造不同的视角是必不可少的管理动作。

正确理解 360 度评估

谷歌的 360 度评估就是一个多角度搜集客观事实的流程，我们会从中看到员工、同侪、直属上级和高层管理者们的参与。大家一起提供与业绩相关的事实，使之更加完整。正因如此，大家才理解谷歌浏览器为其他事业部带来的影响及其对弘扬公司精神文化的作用。谷歌的绩效评估透明化也被国内很多公司借鉴，华为就是其中之一。他们鼓励员工在内部系统中围观评议，像多棱镜一样从不同角度搜集更完整的事实，令大家对评估结果心服口服。

需要注意的是，360 度评估并不是"大家来打分"的游戏，而是一个全员参与、多角度搜集客观事实的流程。参与者们提供的不是打分，而是对事实的描述。因为让同侪参与打分，可能会为员工赋予相互裁判的权力，这可能会滋长恶性竞争、拉帮结派的不良氛围，导致内部的恶性竞争等一系列严重后果。

镜子教练提醒： 全员参与只是手段，目的是搜集完整事实。360 度评估不是为了培养裁判，而是为了打造一面多棱镜，折射出一件事带来的多角度影响。其中，高层的参与尤为重要，因为他们是价值导向的守护者，负责在全面整合事实的基础上，有效识别符合激励导向的绩效标杆。

灵活变通的方式

小马："如果公司情况不适合全员参与，该怎么办呢？"

镜子教练："好问题！请记住，我们的目的永远高于形式，所以要选择适合的形式来达成目的。若团队的认知水平或状态不适合参与到评估中来，那就判断下，哪些人适合参与——高管层或是某个团队？我们不妨划定一片试验田，先把标杆立起来，再逐步扩大范围，让星星之火可以燎原。"

小马："对！评估只是手段，激励才是目的。我们要玩转激励，而不是被流程玩转！"

案例 6-3

某传统民企的考核评估流程

某传统民企在推行 OKR 的早期，进行了考核评估流程的升级。考虑到团队成熟度不足，企业决定由中高层参与评议，来把控评估的标尺，并设计相应的流程表格，提供完整的事实依据。

（1）搜集事实的流程起始于员工递交的绩效表格和与上级的沟通。

（2）各一级部门召集部门中层管理者参与的部门绩效评议会。大家根据员工递交的绩效表格，对员工层的评估进行跨团队反馈，并借助跨团队之间补充的事实依据，重点讨论绩优与绩差的表现，得出初评的绩效等级结果。大家还会对参与公司评优的员工补充更完整的事实依据，并进行讨论与推举。

（3）召开一级部门负责人参加的高层评议会。跨部门高管基于完整事实，对员工层初评产生的绩优与绩差结果进行跨部门反馈，并讨论确认。对中层管理人员的绩效评估，则根据搜集的事实依据，在高层评议会中直接展开讨论评议。高层评议会的讨论，将最终产生全公司的绩优人员名单和优秀管理者评估结果。

6.2.3.3　合理的价值分配

有了明确的激励导向，并完成了基于事实的价值评估，接下来如何进行价值分配呢？

小马："最头疼的问题就是资源有限，钱不够分怎么办呢？而且有些工作的贡献在绩效结果中根本无法体现，不管怎么分都会有人不高兴。"

安迪·格鲁夫在《格鲁夫给经理人的第一课》中特别强调，奖金报酬必须明确地反映一个人的绩效（对总体贡献的价值）。为了更好地体现激励导向，在价值分配中，我们可以遵循两个原则——差异化杠杆原则和乐高式组合原则。

差异化杠杆原则

如果立足于价值激励，那么越是资源有限，我们越不能广撒"胡椒面"。看似平均分配、谁也不得罪，实际上人人都是一肚子怨言。这样是无法体现激励效果的。因此，物质激励的分配要与激励导向保持一致，并且要体现足够的差异化，这样才能真正激发团队的内驱力。

也就是说，要匹配令人惊喜的奖励，人们才会更投入工作。符合激励导向的员工所获得的奖励也要明显高于他人，甚至令人感到羡慕，这样的差异才能起到应有的激励作用。因此，我们需要在激励导向上加上杠杆，杠杆的力度大小要充分考虑到激励导向所需的力度，并且要与期待员工投入的额外精力和努力的程度相匹配。

正如华为在度过"寒冬"时，就对现金流与真实利润的激励导向加上了差异化杠杆，即针对一线业务，拉大各事业部之间的差距和个人之间的差距，并且可以事后计算利润奖金池。阿里巴巴也曾在扶植中小企业和培养管理人才的激励导向上，设定了额外的绩效加分，这也是差异化杠杆的体现。

小马："哦，明白了。在基于激励导向的价值评估后，我还得进行差异化的分配。"

镜子教练："没错！"

乐高式组合原则

有些贡献在绩效结果中无法体现，该怎么办呢？

"其实这种情况在实际工作中很常见。"小马说，"比如晃晃对其他团队的自主贡献，小红的意外创造都非常有价值，但在绩效评估中无法体现，该不该奖励呢？"

镜子教练："当然应该奖励！"

物质激励要真实地体现一个人对总体贡献的价值。因此，如果仅凭绩效奖金无法完整反映一个人的总体贡献，我们就需要灵活补充，根据不同阶段激励导向的重点，进行乐高式的拼接组合，玩转部门奖金池、项目奖金、专项奖金、项目积分制、军令状等多种物质激励手段，互为补充，达到"论功行赏"的激励目的，如图6-3所示。

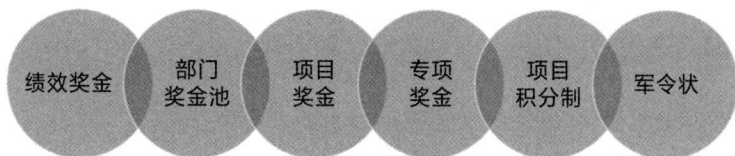

图6-3　物质激励手段

- 绩效奖金：公司根据绩效政策中约定的绩效系数，按每位员工的绩效成绩计算其所获奖金。此方法适用于固定目标明确的情况。

- 部门奖金池：公司根据整个部门对公司战略的总体贡献，事后划定一定范围的奖金池，由部门负责人按部门特定的激励导向和分配规则进行合理分配。这一手段对鼓励整个团队创造更大贡献及确定个性化的部门激励导向具有促进作用。

- 项目奖金：在项目结束后，公司根据交付质量决定项目奖金池大小，并按照每位成员的各自贡献分配项目奖金。这一手段可用于激励项目团队的高质量交付。

- 专项奖金：可用于大面积激励某特定成果，一旦员工达到要求，即可兑换一笔奖金。例如，论文专项奖或技术专利奖等，这有助于公司在一段时期内冲刺某项突破。

- 项目积分制：用于鼓励员工参与跨团队的虚拟项目组，员工可获得相应积分并兑换奖励。此方法有助于打破本位主义，营造积极协作的氛围。

- 军令状：一般用于对公司生死攸关的关键战役。设定军令状，一旦失败，主将或负责团队的人员将受到严厉惩罚；若成功，他们也将获得异常丰厚的回报。

小马："哇，我希望激励成员们的跨团队协作。那就可以补充项目积分制，这样就会出现更多的'晃晃'了，大家也能得到公平的回报，良性循环就建立起来了。"

镜子教练："嗯！不错的想法！"

镜子教练提醒： 合理的物质激励机制设计，既要从公司战略导向的整体需要出发，又要考虑各部门的实际情况。物质激励机制的有效落地，依赖于 HR 与各层管理者的共同努力。需要注意的是，每种激励方法的灵活度及对管理者成熟度的要求各不相同，需要在客观的自我认知基础上灵活应用，打出属于自己的组合拳。

本节练习

你可以通过以下四个问题，梳理优化团队物质激励机制的思路。

Q1：请思考，基于公司当前的战略重点，你的团队业务的关键发力点是什么？

Q2：你最期待团队做出哪些转变？因此，你最应激励团队往哪个方向走？

Q3：你如何知道员工做得怎么样？是否符合激励的导向呢？

Q4：基于当前业务模式对灵活度的要求和管理团队的成熟度，你打算采用哪些形式来进行激励？具体怎么做呢？

行动计划

基于以上团队物质激励机制的思路梳理，我打算＿＿＿＿＿＿＿＿＿＿。

开始时间：＿＿＿＿＿＿＿＿＿，结束时间：＿＿＿＿＿＿＿＿＿＿。

产出成果：＿＿＿＿＿＿＿＿＿＿＿＿＿＿＿＿＿＿＿。

需要谁提供哪些协助：＿＿＿＿＿＿＿＿＿＿＿＿＿。

6.3　即时的精神激励

精神激励的一个重要原则是即时发生，因此我们需要在管理过程中频繁地使用精神激励。同时，我们还需要应对两个难点，即如何理解不同的人，如何激励 Z 世代 [①] 的员工，再有效运用多元化的精神激励方法。

6.3.1　为何有人欢喜有人愁

精神激励是个技术活。你有没有发现，同样的机会，有人渴望而有人却毫不在意？很多时候，人与人的悲喜并不相通。德国心理学家、现代职业教育之父——爱德华·斯普朗格，研究了人类的 6 种职场内在动机，并提出了经典的

[①] 网络流行词，又称网络世代或移动互联网世代，指 1995 年至 2010 年出生的，成长于全球化和互联网高速发展时代的一代人。

激励因子理论。他认为，每个人都可能同时拥有 6 种不同的激励因子：理论导向、实用导向、唯美导向、社会导向、个人导向、传统导向。每个人被不同因子激励的水平有所不同。一般来说，当激励行为与其排名最靠前的两种激励因子相匹配时，对方内在的引擎就会启动，这时他会展现出高水平的工作热情与创造力，他的潜能将得到充分的释放。该理论被众多企业应用于激发团队的潜能。

小马："怪不得同一场会议，有人欢喜有人愁。"

小马："我发现，当大家很有兴致地交换信息时，总有几个人紧盯着电脑，表现得与他们无关；另外，当讨论一件事给别人带去的价值时，有人两眼放光，而有些人则无动于衷；在轮流发言时，有人积极主动地输出，而有人则敷衍应付。真是太不一样了。怎样识别他们的激励因子呢？"

镜子教练："这需要非常细致的观察。你不妨根据每个激励因子的关键词和描述，来识别一下。"

图 6-4 展示了 6 种激励因子及其关键词。

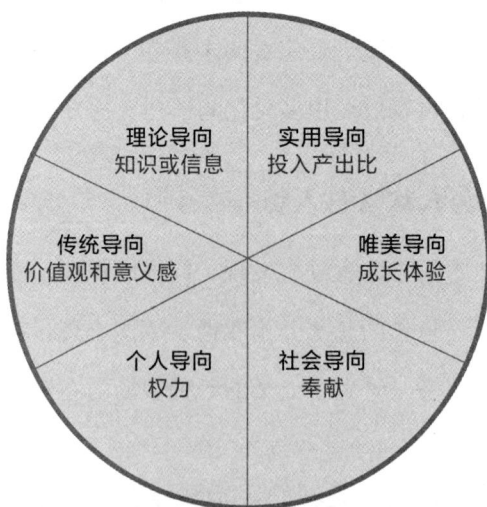

图 6-4　6 种激励因子

理论导向：高理论导向的人对新知识和新信息非常渴望，当获得过去不了解的知识或信息时，最受激励。

实用导向：高实用导向的人对投入产出比非常敏感，当投入的时间、资源收获了实用的产出时，最受激励。

唯美导向：高唯美导向的人对个人成长体验的渴望度更高，当可以做到从前做不到的事情时，最受激励。

社会导向：高社会导向的人热衷于奉献，当知道自己的贡献对他人产生了积极影响或帮助时，最受激励。

个人导向：高个人导向的人看重个人拥有的权力，当获得了知情权或参与决策等权力时，最受激励。

传统导向：高传统导向的人特别关注价值观和意义感，当认识到所做事情的意义时，热情会被点燃。

小马："哦，我们团队里就有个高理论导向的人，特别热衷于搜集新鲜信息。而当提到价值、意义和为别人提供帮助时，高传统导向的和高社会导向的人就两眼放光。"

镜子教练："很好，还有何发现？"

"嗯……还有些人是因为拥有特别的知情权、参与权而兴奋，我猜他们应该是高个人导向的。另外，高实用导向的人也很明显，他们会判断信息或者讨论是否实用，而选择参与或者屏蔽。"

镜子教练："非常棒的发现！"

带上 6 种激励因子，我们就更容易理解不同员工的悲喜了。

6.3.2 如何激励 Z 世代员工

2023 年 10 月 2 日，杭州亚运会主新闻发言人毛根洪回应赛场背景音乐火出圈这个现象时感慨"还是年轻人更懂年轻人"，"他们（年轻的音响师们、灯光师们）能够三维地考虑问题：既考虑场馆的特点，又考虑项目本身的特点，还考虑时间轴。他们甚至把今天是什么特殊日子也融入了展示中，这是非常有创意的。在这里，我要特别感谢这些小伙伴们的努力"。

在这次亚运会上，年轻人在各自的岗位上大放异彩，得到了全社会的一致认可。然而在企业中，70 后、80 后领导与 90 后、00 后的员工之间，依然存在着难以跨越的鸿沟。作为领导者，我们要做的就是跳出个人喜好的局限，回到原点，以最大程度地激励团队为目标，调整管理方法。

小马："我们团队里确实有很多 95 后和 00 后的员工，这些 Z 世代员工让我有些不知所措。我发现他们似乎对成长、意义和个人权力特别感兴趣，我该怎么做呢？"

镜子教练："对 Z 世代员工，我们可以先找出他们最高的两种激励导向因子，再设计个性化的精神激励方法。"

例如，对于高唯美导向与高个人导向组合的员工，上级可以尝试多提供类似参与项目、旁听高级会议的机会，适当提供其独立施展才华的机会，并匹配一对一的辅导，帮助其快速成长。

对高个人导向与高传统导向组合的员工，上级在布置任务时，需要特别留意对背景信息的解释，尤其对这项工作带来的影响和重大意义，多做沟通。同时，还应耐心地听取他们的想法，赋予其创造性地开展工作、施展个人才华的机会。

6.3.3　多元化精神激励方法

小马："嗯，我也要适应大多数成员的情况，尽量去匹配唯美导向、传统导向与个人导向的组合。"

镜子教练："那你可要当心了，其他团队成员怎么办？他们难道不重要吗？"

小马："是啊，还有几位 80 后骨干呢。我希望他们的潜能也得到充分发挥，我该怎么做呢？"

美国心理学之父威廉·詹姆斯曾提示我们："人性中最深切的本质，就是渴望被别人欣赏。"这句话适用于每位团队成员。因此，为了使整个团队的能量更高，以及其潜能得到最充分的发挥，领导者应充分考虑每个人的不同激励导向，尽量结合更多元的精神激励方法，而不应只关注团队中的大多数。

小马："那是不是要做更多激励动作？这可不太现实。"

镜子教练："我们要将有效的激励融于日常工作中，无须附加额外的形式。"

如果我们能在团队活动的引导方式中用心设计，融入多元的激励因子，让每位团队成员在活动中都充分发挥潜能，效果便会大不相同。例如，在团队站会中，三个简单的问题就可以点燃不同的激励因子，如表 6-1 所示。

表 6-1　团队站会三问中的激励导向

引导问题	激励导向
你做了什么帮助团队的目标达成？	社会导向（乐于奉献）、传统导向（意义感和价值观）
你打算做什么帮助团队的目标达成？	个人导向（重视权力）
你遇到了哪些障碍？需要什么样的支持？	实用导向（关注投入产出比）、唯美导向（成长体验）

注：整个过程中获得的新信息，都可以使高理论导向（获取新知）的成员始终处于高能量状态，令其充分发挥个人潜能。

镜子教练提醒： 即时的精神激励存在于日常工作的每时每刻。团队领导者需要融入多元的激励因子，以激发出每位团队成员不同色彩的智慧光芒。因此，领导者需要用心设计每次团队会议、团队活动和一对一的对话过程，令每位成员在过程中都备受激励，充分激发其内在的巨大潜能！

以上，我们了解了如何进行有效的激励，鼓励团队成员为总体目标做出更大贡献。如果你对于激励人心还不太在行，那么正是时候，与我一起进入第 7 章和第 8 章，踏上团队领导者的自我进化之路。

本节练习

你可以基于以下四个问题，思考优化团队精神激励的方法。

Q1：回想最近一次团队会议，成员们参会的热情如何？你认为会议中他们的潜能是否得到了充分激发？

Q2：会议中，你使用了什么方法？哪些激励导向的成员因此受到激发？他们有何表现？

Q3：对照 6 种激励因子，哪些激励导向未被覆盖？请回忆具有该激励导向的成员当时表现如何？

Q4：作为刻意练习，你还可以增加哪些方法令这些成员也感到备受激励呢？

行动计划

基于以上对团队精神激励方法的梳理，我打算_____。

开始时间：_____，结束时间：_____。

产出成果：_____。

需要谁提供哪些协助：_____。

PART 3

第三部分
加速进化

第 7 章

成为激发式的领导者

管理的本质，其实就是激发和释放每一个人的善意。管理者要做的是激发和释放人本身固有的潜能，创造价值，为他人谋福祉。这就是管理的本质。

——彼得·德鲁克

> ▶ **章首故事：被挂断电话的管理者**

飞机刚落地深圳宝安国际机场，小安就迫不及待地拨出电话。

"你不知道进度很急吗？为什么还要等我来催呢？总是推一下动一下……"

"怎么做不是跟你讲过吗？就不能自己动动脑子？"

"好，我可以给你时间成长，但是你能不能不要再做木头人呀！"

"嘟……"话音未落，电话被直接挂断。

小安僵在原地，一只手举着手机微微颤抖，忽然间发现周围人投来的目光，瞬间感到手脚冰凉。

请问，看到这个场景，你会更同情谁？是作为管理者的小安，还是电话另一端的下属呢？

7.1 激发效能，领导者要会做 CFR

也许你和我一样，前一刻还在为挨骂的下属感到委屈，后一刻又开始感慨，如今做管理者还真是不容易啊！

7.1.1　你更想成为谁

也许你认为作为管理者，当然要管控员工的行为。但除此之外，还有什么可能呢？他还可以成为一位激发人心的领导者。那么，管理者与领导者的区别是什么呢？如表 7-1 所示。

表 7-1　管理者与领导者对照表

管理者	领导者
身居要职，对团队工作、资源分配和人员任用拥有决策权与控制权；习惯于管控，往往忽视人的因素	不一定身居要职，但善于影响他人，能让人心甘情愿地追随，完成重要的事

管理者依赖的是管控权，而领导所依赖的是影响力。例如，当某位影帝与中国影协主席站在一起，你更希望获得与谁合影的机会呢？这就是领导者与管理者的区别。

那么，在下属心中，期待你扮演的是什么角色呢？显然是领导者。没人喜欢被管控，但人们大都不会排斥追随一位有影响力的领导者。激发人心的领导者能够让人在工作中爆发出无限的潜能，并由此获益。

回到小安的故事中，下属期待小安像激发式领导者一样，提供清晰的指引、及时的反馈和耐心的辅导。而实际上呢？小安却扮演了管理者的控制角色。他为任务进度着急，便理直气壮地批评下属，导致其激烈的情绪反弹，直接挂断了电话。

此类情形为我们敲响了警钟，我们到底希望自己扮演什么样的角色呢？

小马："我也想成为激发式领导者，可那要付出时间，也需要更多耐心。我每天都快忙昏头了，哪有时间陪着下属慢慢成长？还是扮演管理者能更快解决问题。"

但你从小安的故事中，看到了什么？当小安挥舞起管理者的权杖时，事情真的被更快解决了吗？并没有。事实上，小安甚至还要花更多时间处理自己的情绪，并替下属收拾残局，弄不好还要迎接下属递交的辞职信。为避免这一系列可怕的后果，小安不得不硬着头皮思考如何迅速与下属修复关系。

镜子教练提醒：激发下属才是更高效的方式。过度沉溺于扮演管理者的角色，容易让我们陷入更加忙乱的恶性循环中。因此，领导者需要发挥更多的影响力，激发下属的内在能量。

7.1.2　恶性团队氛围与良性团队氛围的形成

"我也是因为团队不给力，才不得不挥舞权杖的。"小马叹了口气，继续说，"别人的团队都能自动自发，而我的团队却集体躺平，这是为什么呀？"

"冰冻三尺非一日之寒。"当管理者过分关注外在的规则和指标，而忽略人的内在感受时，他与下属间的信任关系便趋于瓦解。于是，在弱影响力与强管控力下，恶性循环便开启了。因此，领导者需要及时识别并遏止恶性循环发生，努力开启团队运作的良性循环。

7.1.2.1　挥舞权杖的恶性循环

管理者挥舞权杖的行为可能会开启团队运作的恶性循环。事实上，能被管控的仅是外在行为，而人心只能靠激发。过度管控会令人心生恐惧与厌离，进而选择躺平，这是我们最不愿看到的。

正如图 7-1 所展现的过程，挥舞着权杖的管理者常以命令方式传达任务，下属虽心存疑虑却不敢质疑，执行效果自然令人失望。于是，管理者再次挥舞权杖对下属提出批评，下属心生畏惧、懊恼，找各种借口逃避责罚。从此他学会了事事请示、不说不做和不肯担责的坏习惯，不仅于此，他的内心还积压了很多沮丧和憋屈的情绪。

于是，循环继续扩大，管理者感到更加不可控，不得不亲自操心每个细节。在抓狂焦虑下，管理者忍不住对下属发火。事态的下一步呢？往往会引发两种结果：下属怒怼上级后愤然辞职，管理者独自收拾烂摊子；或者下属默默承受，但从此阳奉阴违、消极怠工。

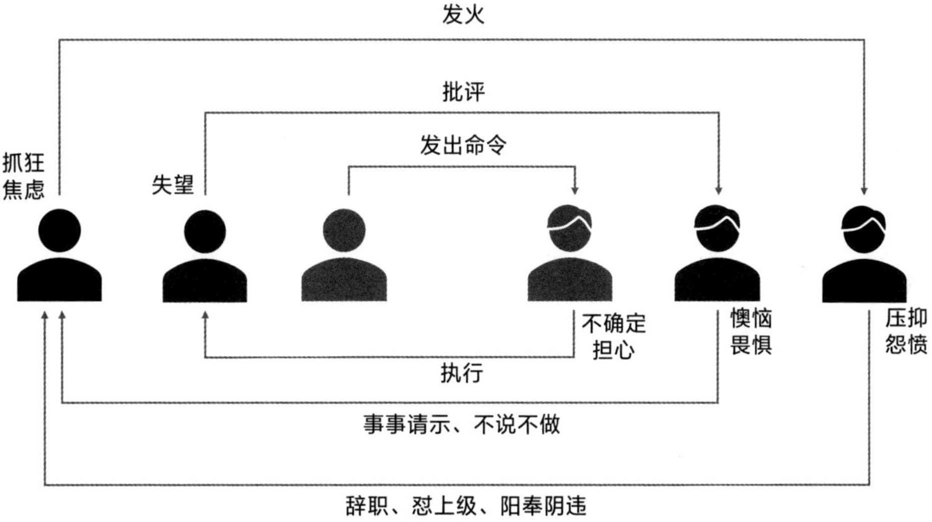

图 7-1　挥舞权杖的恶性循环

如此情形，会给团队带来什么样的影响呢？

小马："恐怕消极气氛会迅速蔓延，越来越多的团队成员选择躺平。"

镜子教练："那简直太糟糕了。"

管理者挥舞权杖的行为，令团队陷入了不断负向增强的恶性循环。看到这里，如果你还是选择做个挥舞权杖的管理者，那么就请做好准备，别再抱怨下属们的集体"躺平"了。

7.1.2.2 激发下属的良性循环

如果我们能够开启一种激发下属的良性循环，让团队自动自发地跑起来，又会如何呢？如图 7-2 所示。

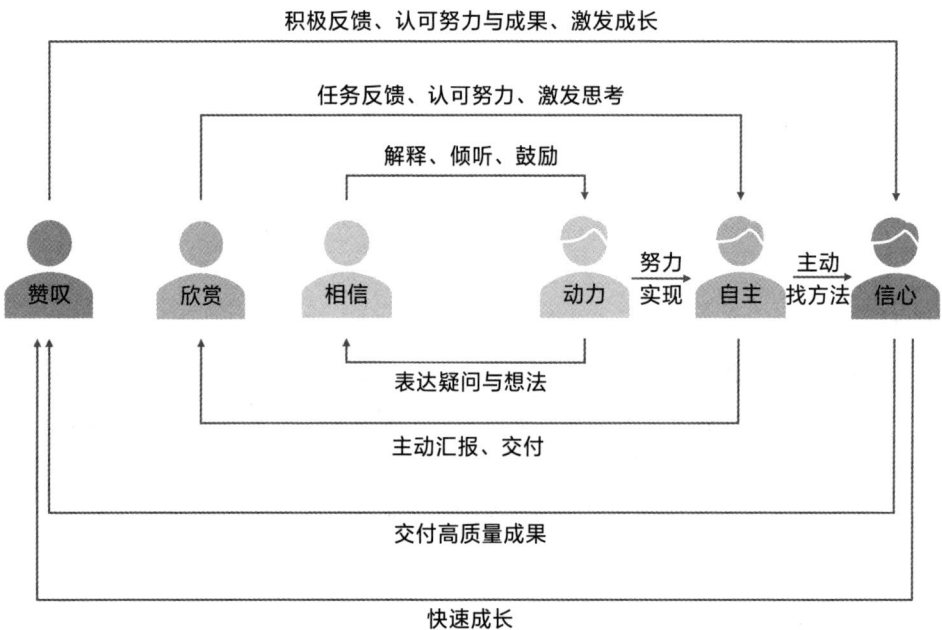

图 7-2 激发下属的良性循环

领导者相信员工具有积极的自我期待，因此在下达任务时，他会详细解释背景信息、鼓励员工提问以及倾听他们的想法。员工认识到任务对自己的意义，期待借此实现自己的抱负，因此加倍投入任务交付中。员工因感受到了足够的安全感，会主动向领导者汇报工作进展与交付情况，这让领导者感到很安心。

领导者会认可员工付出的努力和良好表现，并通过提问的方式激发下属思考，探索更大的进步空间。领导者赋予了员工更多自主发挥的空间。被欣赏与安全感包围的员工，遇到困难时会更愿意积极尝试、主动寻找解决方法。

在良性循环中，员工经过自主探索，交付了高质量的成果，并感受到前所未有的成就感与责任感。于是，领导者进一步扩大了良性循环，认可员工的努力与成果，赞叹员工自我成长的潜能，并以更广阔的视角激发其持续成长，提供更多的支持。员工因此备受鼓舞，更加自信地快速成长，并不断为领导者带来惊喜。

"请问，如此积极进展会对团队氛围有何影响呢？"

小马："团队其他成员应该也会被感染，自主自发的良好氛围就会越来越浓厚。"

镜子教练："没错！"

激发下属，令领导者的团队步入不断正向增强的良性循环，为团队开启了自主运转的加速模式。团队效能越来越高，收获的成果越来越大！

以上，我们了解了团队运作的两种状态——挥舞权杖的恶性循环与激发下属的良性循环。请问，现在你更希望做挥舞权杖的管理者，还是激发下属的领导者呢？此刻，你是在挥舞权杖，还是在激发下属呢？

7.1.3　领导者要掌握 CFR

我们要如何发挥领导者的激励功能呢？要想解决事，先得解决人！而人的内在智慧种子只有在阳光雨露的滋养下，才会恣意生长。领导者要想学会浇灌员工内在智慧的种子，就必须掌握 CFR（Conversation Feedback Recognition，对话反馈认可）这个神器！

7.1.3.1　什么是 CFR

CFR 是由三个单词的首字母组合而成，分别代表对话（Conversation）、反馈（Feedback）和认可（Recognition）。这三个简单而有力的动作贯穿于领导者的工作过程，是激发团队的关键所在。

约翰·杜尔认为 CFR 是重塑人力资源管理的关键，OKR 与 CFR 是相互促进的关系。BetterWorks 公司的首席执行官道格·邓纳莱恩也曾提到："OKR 和 CFR 两个工具'联姻'，才能发挥真正的威力。"

遗憾的是，至今在国内的 OKR 应用中，CFR 常被严重忽视。大家习惯性地把 CFR 当作 OKR 的"咖啡伴侣"，有了它，OKR 这杯"咖啡"会更丝滑；但没有它，"咖啡"也照样能喝得下去。而我在十余年的 OKR 实战中深刻领悟到，CFR 不仅是 OKR 实践中不可分割的一部分，更是 OKR 的核心所在，缺少了 CFR 的 OKR 是没有灵魂的。

在一次企业内部的 OKR 教练认证辅导中，学员们提出了工作实践中遇到的问题。这些问题包括周会上无人发言，复盘会上大家只提出问题而不解决，团队带不动等。有趣的是，这些问题最终都指向了一个更为根本的问题，那就是管理者自身对 CFR 的重视和执行不到位。

为此，我不厌其烦地提醒大家：别忘了，我们并不是为了 OKR 而做 OKR，其目的是真正起到激发团队的作用！因此，功夫不能只花在表面。如果只要求团队按照 OKR 的形式来操作，而管理者自身的管理方式却没有发生任何改变，那就真成了"中华田园 KPI"[1] 了。

---

[1]　网络流行词，源于职场人对 OKR 在本土化过程中变形应用的嘲笑和讽刺。

镜子教练提醒：CFR 是令 OKR 味道更加诱人的秘方。团队领导者应在 OKR 实践中精心揣摩 CFR 工具的使用，这才是让团队更快进化的秘诀！

7.1.3.2　真正的 CFR 长什么样

真正的 CFR 是什么样的呢？如图 7-3 所示，为给出明确指引，我为 CFR 加上了三个定语，即平等的对话、即时的反馈和真诚的认可，以此界定其有效性的标准。

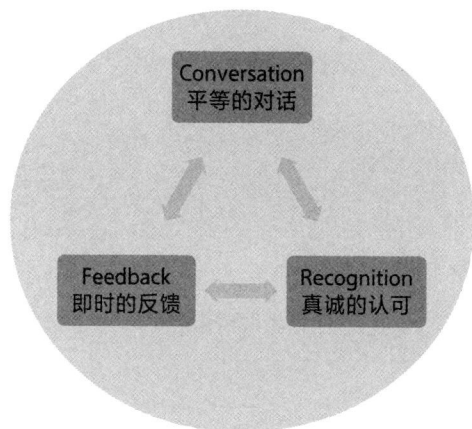

图 7-3　真正的 CFR

这样，很多管理者就会明白："哦，虽然我把自己的观点告知团队，但这还远远不够。真正平等的对话是双向奔赴和彼此倾听。因此，我们还需要创建充分讨论的空间，让员工说出自己的想法，并创造深入探讨的机会。这样才可能产生深度的共鸣，达到平等对话的目的。也许，我该改变自己的管理沟通方式。"

"嗯，虽然我已在流程中、会议上尽快给出了批示，但这还远远不够。真正即时的反馈是在那个当下，员工就能够获得有价值的信息，并拥有新视角。也许，我需要更多地关注员工，更用心地营造透明的团队氛围，让团队内部的信息快速流动起来，让每个人都可以成为即时反馈的提供者。"

"哦，虽然我已经慷慨地给予员工很高的绩效评价，甚至还为他们争取加薪和晋升的机会，但这也还不够。真诚的认可是发自内心的欣赏，我会为你的好奇心点赞，为你的新发现鼓掌。也许，我们的团队会议可以有些不同。"

真 CFR 对照情况，见表 7-2。

表 7-2　真 CFR 对照表

三个定语	不是	而是
平等的对话	只是把管理者的观点告知团队	创建充分讨论的空间，让员工说出自己的想法，并在深入探讨的基础上，产生深度共鸣
即时的反馈	仅在流程中、会议上尽快给出批示	更多地关注员工，更用心地营造透明的团队氛围，让团队内部的信息快速流动起来，让每个人都可以成为即时反馈的提供者
真诚的认可	慷慨地给予员工很高的绩效评价，甚至还为他们争取加薪和晋升的机会	发自内心的欣赏，会为员工的好奇心点赞，为员工的新发现鼓掌

7.1.4　用真 CFR 开启良性循环

你知道吗？即使使用了 CFR，但如果只是流于形式，仍然会加速团队运作的恶性循环。只有足够真诚的打开方式，才能开启团队运作的良性循环。

7.1.4.1　没人敢吭声的对话

一位新媒体公司的女创始人满脸愁容地抱怨道："我们团队的主动性弱。尽管我经常跟他们谈话，也非常认可他们的工作，但他们仍然缺乏创意。真不知道该怎么办。"

然而，仅仅半个月后，这位女创始人就成功点燃了团队的热情。这发生在我们第二次团队辅导的现场。为了激发团队成员对各部门 OKR 目标共创的热情，镜子教练特别安排了双向对话环节，邀请创始人向团队宣导高层工作坊的成果——包括公司的新战略方向、战略路径和公司级 OKR 目标，并且以最开放的态度接受大家的提问，给出最坦诚的回答。

为消除团队成员的不安全感，镜子教练做了精心设计，迅速促使他们提出第一个问题。这时创始人眉头一皱，似乎在说："这还用问？平时讲过多少遍了！"

这样的对话可行不通，于是镜子教练抢先一步，大喊一声："好问题！相信这是大家都非常关注的！谢谢你提出来！"然后将目光投向创始人。怎么回答，可就看她的了！

果然，创始人履行了她开放、坦诚的承诺，她的态度感染了团队，大家的发言开始踊跃起来。团队成员讨论了执行上的难点，提出了独具创意的想法，想法与想法之间的碰撞激发了新的思路。整个团队都被这前所未有的氛围感染了。创始人也被这空前的变化惊呆了。她与团队的成功对话，让大家充满向往与热情地投入部门目标的思考中。

下午，这位创始人又进一步激发了团队的信心。在大家正要开始共创时，她一路小跑地过来，宣布了一个好消息："我刚接到客户的电话，他对我们的××项目提出了特别表扬！小 A，你们小组上次工作坊优化的流程执行得特别到位，仅两周时间，客户就感受到了效果，简直太棒了！"

这一番话鼓舞了整个团队，不仅被点名表扬的小组备受激励，其他成员也对改变充满信心。显然，这位女创始人已经掌握了 CFR 的正确打开方式。

同样使用 CFR，为何团队氛围开始很沉闷，后来却变得积极主动？因为创始人打开 CFR 的方式发生了改变。当管理者表面上进行对话、反馈和认可，实际上却在疯狂地挥舞权杖时，员工是不敢提出自己的想法的。就像那位女创始人过去所做的那样。

激发式领导者则会以真诚的方式来开展 CFR，开启团队运作的良性循环。他们首先会意识到自己必须做出改变，并亲自践行有效的 CFR，从而带动整个团队的氛围，就像这位女创始人后来所做的那样，点燃整个团队的能量。因此，我们需要让管理者先成长为激发式领导者，再用他们身上的细微改变撬动团队的改变，即让所有人去联结所有人、让所有人去点亮所有人，进而带动整个组织的快速进化。

7.1.4.2 放下自己，点亮下属

小马："我要怎么做才能从管理者成长为激发式领导者呢？"

镜子教练："一切改变都源自领导者发自内心的自我转变。"

领导者需要适当放下心中的自我评判，将聚光灯更多地照向员工、照向团队。这需要领导者付出特别的努力，他们要学会在关键时刻放下自己。

为了帮助领导者稳住内心，把控好手中的聚光灯，去点亮下属，我推荐以下五句简洁明快的引导语，如表 7-3 所示。

表 7-3 五句激发下属的引导语

步骤	目的	引导语
关心	放下评判，询问事实	发生了什么？请跟我说说事情的经过
看见	看见意图，认可努力	我知道你很着急、很想把它做好，你已经很努力在补救了
启发	针对卡点，启发想法	目前问题的关键是……那么对此你有何改进想法 这个想法挺不错的
探索	深入辅导，提供支持	那么如何确保……呢？你是如何考虑的 你需要哪些支持

（续表）

步骤	目的	引导语
点亮	针对未来，开启成长	经过这次实践，你对同类事件有何反思 以后如果再遇到此类情况，你会如何做呢

回到小安遇到的棘手情境，如果运用以上五句引导语，他会怎么做呢？

小安："小青，我看到群里的留言，说客户对方案不满意？具体什么情况，能跟我说说吗？"

小青："客户王总监之前对项目二期提出了很多要求，我据此做了方案。结果客户突然反馈说副总认为成本太高，必须压缩一半。我测算了一下，按照这一要求，根本没法做。唉，我都急死了，正想找您商量呢！"

小安："我知道你很着急，这个项目的跟进确实不易，尤其是在这种关键时刻却要做出调整，这的确让人头疼。"

小安运用第一句引导语，关心下属身上到底发生了什么，了解更多事实。了解到小青一直在努力想办法后，小安心平气和地运用第二句引导语，让下属知道领导看见了自己的努力和积极意图。这样，小青的话匣子就被打开了。

小青："是啊。关键是王总监与他的上级意见不一致，什么都想要，但又不批预算，您说这可怎么办呢？"

小安："看来客户内部对需求的理解不太一致。那你是怎么考虑的呢？"

小青："嗯，最好让王总监约上他们副总一起来开个会，共识一下哪些需求要放进来，哪些要砍掉。要不等您出差回来，我们碰个头，再一起约他们？"

小安通过第三句引导语，针对关键卡点，询问下属的想法，启发他独立思考。可是小青表达的想法比较粗浅，要不要打击他的热情呢？小安及时运用第四句引导语，抓住机会展开深入辅导，探索更可行的方法。

小安："的确需要达成共识。不过进度很紧张，等我出差回来再讨论，恐怕来不及了。还有什么办法能够加快进度呢？"

小青："要不这样吧？我先跟王总监电话沟通一下，把他们的需求都先捋一遍，划划重点，再列个清单，提供两到三套方案及不同报价，让他们副总自己选，是要便宜、功能少的方案，还是功能全、成本高的方案。"

小安："划重点匹配不同报价是个好主意，也满足了客户的领导对成本的要求。不过这位副总毕竟没有全程参与，对项目的最终呈现理解程度可能有限，他的决定是否可靠呢？"

小青："是啊，万一他乱砍预算，过几天又乱改需求，我们可就被动了！您提醒得对。我还得再做个对比表，把不同的效果以及对整体使用的影响都说清楚，最好再配上粗略效果图，让他一目了然。"

小安连续运用四句探索引导语，提醒下属将计划考虑得更加周全，引导下属探索更多可能性，直到他认为计划可行为止。这时，小安还没有忘记询问下属需要哪些支持。

小安："很不错的想法！需要我提供什么支持吗？"

小青："还得您帮忙把把关。我后天做好方案发您，请您尽快抽时间看一看。有问题请立刻告诉我，我好赶紧修改，最好本周就能定下来！"

小安："嗯，没问题！"

小青："谢谢！"

看到 00 后下属已经开始给自己派活了，还理直气壮地提出了具体要求，小安感到很安心。但先别着急，作为激发式领导者，他还需要进一步点亮下属，以促进其成长。

小安："不客气！我想知道，以后再遇到类似的事情，你会怎么处理？"

小青："小菜一碟！下回我可有经验了。在谈需求阶段，我会尽量约到客户的高层关键人物一起谈清楚需求，还要共识好优先级。我自己也得做足功课，当场把影响都讲清楚，这样的共识才更靠谱！至于方案，不等客户提，我直接做好，把成本和效果对比表给他看，一目了然，更方便客户决策，也为项目实施争取更多时间！"

小安："太棒了！加油哦！期待你的好消息！下次会议上别忘了分享成功经验。"

小青："没问题！谢谢领导鼓励！"

通过以上五句引导语，领导者小安为下属小青提供了真正有价值的关心、看见、启发、探索与点亮，令小青从慌张焦虑到越来越有信心、越来越有能量。作为领导者的小安也从个人情绪中跳脱出来，放下了评判，相信并支持小青自己找到方法，更支持了小青的自我成长。相信下一次小青一定能够更加独立自主地交付高质量的工作成果！

镜子教练提醒： 激发式领导者不靠挥舞权杖令人服从，而是将专注力放在激发他人的内在能量上。他们会将聚光灯照向下属，正确运用 CFR 工具，激发下属的潜能与自我成长的意愿，通过持续有效的 CFR 为团队建立起良性循环。当然，这需要领导者修炼好自己的内功，适度放下评判，通过自身的改变来撬动团队的变化，进而带动整个组织的快速进化。

本节练习

请基于以下四个问题，反思个人的领导者行为。

Q1：请反思自己带领团队的方式，是更像挥舞权杖的管理者，还是激发下属的领导者?

Q2: 请参考表 7-2,反思自己在哪些环节使用了正确的 CFR 打开方式?哪些环节需要改进?

Q3: 请回想最近一次与下属沟通的场景,运用"五句激发下属的引导语"优化对话内容,进行 CFR 练习。

Q4: 基于以上反思与练习,你有何发现?你打算如何持续提升自己激发下属的能力?

行动计划

基于以上对个人领导者行为的反思,我打算＿＿＿＿＿＿＿＿＿＿＿。

开始时间:＿＿＿＿＿＿＿＿＿＿＿,结束时间:＿＿＿＿＿＿＿＿＿＿＿。

产出成果:＿＿＿＿＿＿＿＿＿＿＿＿＿＿＿＿＿＿＿＿＿。

需要谁提供哪些协助:＿＿＿＿＿＿＿＿＿＿＿＿＿＿＿＿＿。

7.2 自我改变,始于觉察

还记得那位新媒体公司的女创始人吗?她一开始抱怨团队主动性弱,但仅仅半个月后,她就能够正确地运用 CFR 点燃团队了。她的改变是如何发生的呢?

7.2.1 女创始人的自我觉察

让这位女创始人改变的瞬间,就发生在我们的第一次高层 OKR 工作坊上。

在分享感受的环节，这位女创始人忽然站起来，感慨道："这两天的工作坊让我很受触动。我发现原来大家有很多好想法，只是平时没有机会表达出来。我也反思自己的行为，是我平时要求太严苛，让你们不敢表达。这是我今后要改正的。"

创始人这番发言让管理团队愣住了，紧接着大家眼里闪过一丝惊喜，随之而来的是发自内心的热烈掌声。

我很钦佩这位女创始人的自我觉察能力，尤其在取得现在的成就后，她依然能清醒地反观自己，坦言自己的不足，并向团队承诺今后的改变，实属难能可贵。

真正的改变，均始于自我觉察。而有力的自我觉察，来自真实的相信与自我反思。为应对紧迫挑战，女创始人急于让团队发生改变。就在此时，她借助研讨会这面镜子，亲眼见证了团队发生变化的全过程。这让她开始坚信，在安全的氛围下、开放的空间中，团队拥有着不可思议的潜在能量。"太棒了，原来你们也是可以的！"

可是为什么自己之前做了那么多，大家还是不主动呢？当镜子照向自己时，领导者便开启了自我觉察——也许是自己的对话方式不对，也许是自己挥舞权杖的严苛态度令下属感到惧怕，从而阻断了其创造力的涌现。

那么，作为团队领导者的你，会如何加快自己的转变呢？让我们进入对领导者内在成长的讨论。

7.2.2　开启内在成长的良性循环

如图 7-4 所示，从习惯挥舞权杖的管理者迈向激发式领导者的过程中，需要经历从无知无觉的惯性阶段（不知道自己不知道），到后知后觉的自我觉察阶段（知道自己不知道），再到先知后觉的刻意练习阶段（知道自己知道），最后达到先知先觉的自动驾驶状态（不知道自己知道）。

小安和那位女创始人一开始就都处于无知无觉的阶段，他们已经习惯了管控的方法，不知不觉就把胡萝卜和大棒举起来了。而自我觉察在最关键的环节，帮助领导者打破惯性状态，开启了内在成长的良性循环。那么，该如何创建及时的自我觉察呢？

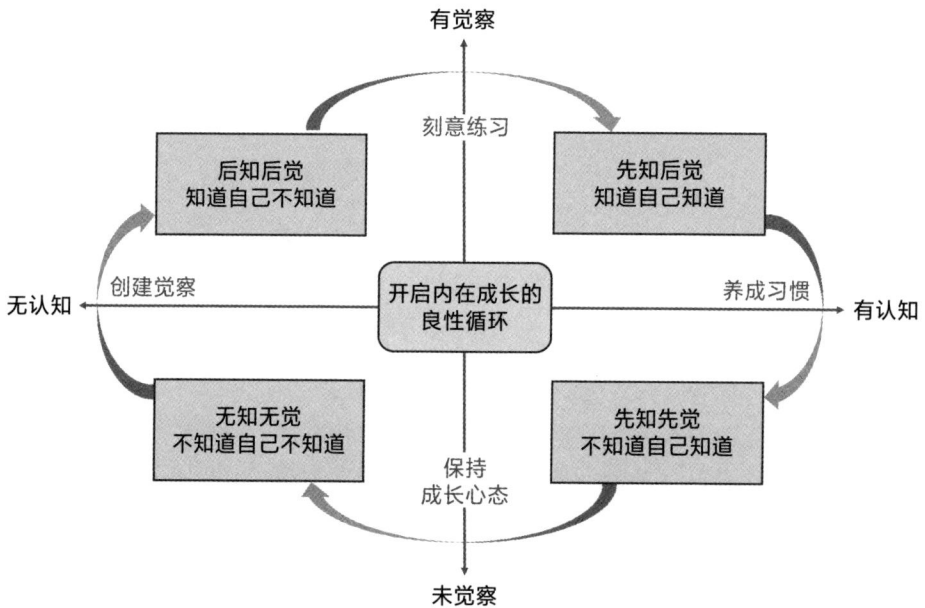

图 7-4　领导者开启内在成长的良性循环

7.2.3　创建觉察，为自己立起一面镜子

"以铜为镜，可以正衣冠；以古为镜，可以知兴替；以人为镜，可以明得失。"同样，团队领导者也需要为自己立起一面镜子，及时发现那些与"激发式领导者"角色不相符的行为，并及时停止，以新的行为来替代它们。

去哪里寻找这面镜子呢？我们可以在 OKR 工作坊中，立起一面"团队体验的共享之镜"，也可以时时为自己立起一面"自我觉照的心镜"，还可以定期立起一面"促进转变的进化观测镜"。让我来一一为你介绍。

7.2.3.1　团队体验的共享之镜

OKR 工作坊不仅是共创产出的过程，更是团队共同成长的关键时刻。在一次成功的 OKR 工作坊中，团队成员的表现非常真实，变化过程也极其明显，领导者自身的体验同样非常深刻。而深度的觉察是伴随着真实体验出现的。

有经验的教练会抓住这样的关键时刻，加强大家对自我的观察与发现，让成长的种子破壳发芽。那位新媒体公司的女创始人，就是在 OKR 工作坊的共同体验中照见了自己，从怀疑团队能力到相信他们的可塑性，从忽视团队的声音到开始关注，真正的改变就此发生。

7.2.3.2　自我觉照的心镜

除了 OKR 工作坊，团队领导者还应学会时刻为自己立起一面"自我觉照的心镜"。这可以通过**一观、二止、三见**和**四转**四个步骤来实现，如图 7-5 所示。

| 一观 | 看见自己在做什么 | 二止 | 立刻停止错误行为 | 三见 | 自我反思照见自己 | 四转 | 新行为替代旧习惯 |

图 7-5　领导者自我觉照的心镜

在这四个步骤中，我们会进行以下内心对话。

- **一观**：哦，我看到自己很焦虑、很生气，我归罪于他人，甚至大声斥责下属。这些行为与激发他人无关。那些暴跳如雷的行为与我的本心并不一致。

- **二止**：哎呀，我又开始挥舞权杖了，以教训人的方式表达不满，凭借的只是自己的管理者地位。这是不可取的，我要立刻停下来。

- **三见**：哎呀，我为什么会这么生气呢？哦，因为我感到力不从心，我害怕失控。哎呀，我已经方寸大乱了……要保持定力，要临危不乱，这是我作为领导者的自我修炼。我要扮演好自己的角色，对成为激发式领导者有信心！

- **四转**：我真正期待的是什么？是团队的任务顺利完成。我渴望自己有能力带领团队做到。那么此刻，我要如何发挥领导力，才能带领团队穿越困境呢？

通过以上过程，领导者为自己立起了一面心镜。通过一观，观察自己的行为和情绪是否符合激发他人的初心；通过二止，认识到自己挥舞权杖的行为模式，及时刹车；通过三见，反思自己认知模式的局限，清晰地照见自己，诚实面对自己"要如何成为激发式领导者"的课题；通过四转，领导者向内探求，境随心转，用新行为替代旧习惯。

《大学》中言："大学之道，在明明德，在亲民，在止于至善。"领导者通过内在心镜，对挥舞权杖的行为及时踩刹车，并用"激发"的新行为替代旧习惯，在与下属的互动中完成了内在转化。

7.2.3.3　促进转变的进化观测镜

通过对照心中的镜子，你发现了自己在成为激发式领导者道路上的绊脚石。

你缺少倾听、随意打断下属、急于评判、使用命令的语气等。你迫切希望改掉这些旧习惯，该怎么做呢？你可以为自己定制一面进化观测镜，来加速自己的转变。这面观测镜也叫富兰克林清单。

富兰克林清单是美国开国之父本杰明·富兰克林在20多岁时为自己制定的，他借助这份清单走上了令人惊叹的自我完善之路。富兰克林清单可以帮助我们把注意力集中到改变的发生上，保持持续的自我觉察，其具有不可思议的力量。

如表7-4所示，请在表格左侧列出你想要改变的老毛病，如缺少倾听、随意打断下属、急于评判、使用命令的语气等；然后把这张清单张贴在显眼位置，保持每天记录，每犯一次错误就在相应的格子中标注一个黑点。很快，你就会发现清单上的新标记逐渐减少，你的旧习惯已被新行为替代。

表7-4　富兰克林清单

想要改掉的老毛病	周一	周二	周三	周四	周五	周六	周日
老毛病1							
老毛病2							
老毛病3							

这个方法非常神奇，我曾借助它改掉了自己刷手机时间过长、睡觉太晚等不健康的习惯，一周后便有了明显改善，作息也变得规律起来。作为领导者的你，如果可以照见自己一天比一天更好的样子，也一定会对改变充满信心。

使用富兰克林清单，还有三点需要提醒。

● 清单不可列得过长，一次集中攻克三点。

● 不要轻易放水，严格按规则执行。

● 不要偷懒，保持每日记录与反思。

7.2.4 实战案例：最难改变的总监

T总来自镜子教练辅导的一个创业团队，传统制造业的经历让他习惯了挥舞权杖的管理模式。他的发言中常充斥着对下属的批评与指责。只要他一开口，团队氛围就会陷入低气压之中，大家在"大棒"面前默默低下头，有些员工甚至羞愤得涨红了脸。镜子教练深知此类行为对团队的伤害。这会让团队成员笼罩在强烈的负面情绪中，对真正的改变不仅没有帮助，还会消耗团队有限的能量。但T总太过自信，完全没有改变的意思。该怎么办呢？

一周后，镜子教练再次召集团队几位核心管理者，明确指出激发团队积极能量是领导者的天职，并指出哪些行为会给员工带来负能量，哪些才是真正激发团队积极能量的正确行为。这样公开的讨论给T总带来很大触动，他有些不好意思，不停地在本子上记录，还忍不住多次提问。看得出来，他正在积极反思自己。在接下来的CFR练习中，T总非常投入。他略带羞涩地尝试，逗得大家捧腹大笑，他也亲身感受到了有效的CFR令对方产生的明显变化。体悟到CFR的妙用后，T总在接下来的课堂上，开始更多地欣赏他人，而镜子教练抓住机会狠狠地鼓励了他。

进入团队的OKR会议辅导阶段，那位昔日挥舞大棒的T总，已开始努力成为激发式领导者了。在团队成员的成果共庆环节，T总拿出小本子，按照自己的精心准备，真诚地表达了对一位骨干的认可，此人之前可被他"折磨"得不轻。大家都被T总的180度大反转惊掉了下巴。最后，T总还十分腼腆地拥抱了那位骨干。现场传来阵阵尖叫，气氛达到了高潮。被拥抱的骨干红红的脸庞盈满喜悦，他害羞地说："这样的项目能不能再多来几个？"

T总曾被认为是最难改变的管理者，但当他自己想要改变时，真实的转变就在一瞬间发生了。

镜子教练提醒：创建自我觉察是通往激发式领导者的关键一步！在领导者的自我成长中，主人永远是你自己。只要自己想改变，成长就会在瞬间发生。因此，触及内心的亲身体验是非常难得的，它会带来珍贵的自我觉察。

本节练习 1

请回想你最近与下属的一次对话，对照"自我觉照的心镜"，你觉得自己做得如何？请记录你的觉察。

一观，观察自己的行为和情绪是否发自真实的本心，是否符合激发他人的初心。

_____

_____

二止，认识到自己有哪些挥舞权杖的行为模式，应当及时刹车。

_____

_____

三见，照见自己认知模式的局限，诚实面对"要如何成为激发式领导者"的课题。

_____

_____

四转，向内探求，境随心转，你打算用哪些新行为替代旧习惯？

旧习惯：_____

新行为：_____

本节练习 2

你发现自己有哪些老毛病，正在阻碍自己成为激发式领导者？请定制自己的
进化观测镜（富兰克林清单），并张贴在显眼位置，观测转变的发生。

你想改掉的三个老毛病是什么？

_____

你打算何时开始？

_____

观察期为多久？

_____

每天的记录时间是什么时候？

_____

7.3 创建个人发展的 MOKR 目标

你想成为什么样的领导者？你打算如何让自己成为期待中的样子呢？现在，
就让我们开启一段借假修真的旅程。通过对本书所学内容的整合，我们可以开
启领导者个人进化的第一步。

7.3.1 整合所学

OKR 的落地不是终点，进化才是目的！借助认知 OKR 的水蜜桃模型，我
们发现 OKR 落地不能仅满足于目标创建与推进的形式或收获的业务成果，还
需要在不断向内探索的过程中刷新团队的认知模式，促进团队自内而外的心智
进化，进而最大程度地激发出团队的智慧与内在能量。而在此过程中，团队领

导者的成长是极其关键的，它会撬动整个团队的快速进化。

7.3.1.1 进化后的团队会是什么样的呢

如图 7-6 的最外层结构所示，在持续践行 OKR 中完成进化的团队，会变得更加自主、开放、强大和具有活力。这样的团队能够经常充满信心地说出："没问题！""我们可以！"团队内部的不同视角也会更加开放地交织。"你们怎么看？""A 团队有好的做法可以借鉴""B 团队面临的问题提醒我们……"大家还会自主整合内部资源，积极探索可能性。"我们可以一起这样做。""好，一起来试一下！"

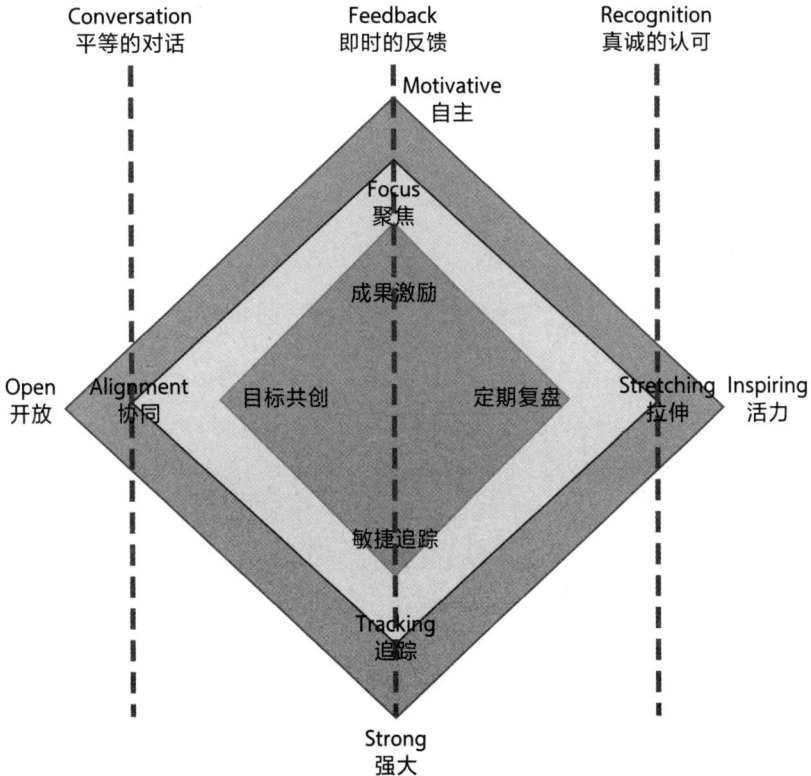

图 7-6 团队进化模型

7.3.1.2　团队需要做出怎样的改变呢

要完成进化，团队需要改变过去，即扭转只看重指标的短视思维，打破个人本位主义，突破一系列限制性观念和固化思维模式，积极拥抱 OKR 的四大核心精神，即聚焦、协同、追踪、拉伸。在这样的团队中，成员们的行为与之前截然不同，他们会开始彼此提醒。

"等等，别忘了……才是更重要的。"

"你需要我提供什么样的支持？"

"进展不错！还得扫描下有哪些潜在问题。"

"要是能实现这个目标，那我们简直太厉害了。可以从哪里突破呢？"

7.3.1.3　如何让改变开始发生呢

图 7-6 的最内层结构嵌入了图 2-3 的 OKR 四步循环，我们需要在持续的 OKR 四步循环中践行 OKR 的四大核心精神，不断激活团队。以成果为导向加强聚焦；在每次自下而上的 OKR 目标共创中点燃整个团队的意义感；在每个日常管理环节中群策群力、快速反应；在推动执行的阶段性复盘中，不断刷新团队的认知，增长团队智慧；在成果导向的激励中，看见每个人对总体成果的贡献，并进一步激发团队的内在动力。

通过 OKR 循环的持续转动，团队不仅持续接近战略成果的达成，同时也在实践中实现了思维升级、管理机制的升级与团队心智的升级，实现团队的不断进化。

7.3.1.4　团队领导者如何发挥作用

团队领导者需要更加关注对人心的激发，在 OKR 落地的过程中，善用

CFR 工具，改善团队氛围，以正确的方式开启团队运作的良性循环。领导者的 CFR 会为团队铺设三条高速通路，加速团队的进化。

从挥舞权杖的管理者到激发式领导者的成长之路上，最关键的是能够及时创建自我觉察。因此，领导者可以在 OKR 工作坊中立起一面"团队体验的共享之镜"，并时时立起一面"自我觉照的心镜"，还可以阶段性定制一面"进化观测镜"。这三面镜子将促进团队领导者自身的内在成长，进而撬动团队的快速进化。

7.3.1.5　传化农科，借力 OKR，走振兴乡村之路

让我们借助一个本土 OKR 实践案例，反思自己团队的进化之路。

2023 年 6 月的一天，传化集团农科事业部浦阳项目团队的核心管理人员齐聚一堂，共创该项目的 OKR 目标。浦阳项目团队肩负着乡村振兴的时代使命，积极探索政企村融合、激活乡村发展的新模式。这是传化首次进行类似尝试，在国内也尚无可参考经验。由于时间紧、任务重，团队是临时组建而成的，很多人同时担负着集团内的其他职责。如何才能使整个团队群策群力、快速高效地推进项目的成功呢？大家心中十分忐忑。于是，项目领导选择借助 OKR 管理方式辅助团队的业务突破。

减少精神内耗，增强目标感

管理团队的共创过程是使项目方向从模糊到清晰的过程。大家在活动中身临其境地体验项目，领会其意义所在。在农业产业发展、共同富裕的共同愿景中，大家为共同的梦想而感到振奋。

但如何实现呢？成员们一起架起了一座桥梁，使梦想通向了更加明确的项目中期目标。农科的商业化落脚点在哪里？建设、招商与运营，如何协同才能

真正促进共富？成员们在教练的引导下，一起拉伸视角，找到了高性价比的共同策略，再进一步聚焦于清晰的年度 OKR 目标。

那么，更具指导性的方向呢？共创进一步产出了更近期的目标——第三季度 OKR 目标。更具操作性的行动突破点呢？大家在关键挑战上与协同策略的应对上，再次高效地达成了共识。

大家一致认为这两天的共创对项目团队意义重大。

集团战略发展部总经理滕飞认为："OKR 共创让一个很拼命、很有干劲的团队，不必再反复纠结于目标的变动和在不断试错中的精神内耗，而是在真正有共识的目标下去拼搏，为整个团队和组织管理带来非常大的效率提升和高度的认同感。这种方式对我们团队的战略梳理本身很有帮助。我们在目标探索过程中，反复用 OKR 的方法去讨论、对齐，把一些想不清楚的目标在过程中聚焦出来。把目标想清楚，对一个团队管理者来说是第一位的！而这个方法就是对'把目标想清楚的过程'进行的有效管理。"

农业乡村公司总经理陈科说："OKR 激发了团队的自驱力，让人人都能够成为浦阳项目的发动机，而不是像过去一样自上而下地布置任务，由团队来执行。现在更多的是自下而上地推进，效果更好。后来，我们自己也发起了一个'怎样激发我们团队创业创新'的倡议活动，让所有岗位的员工都能够发现改善与提升的措施。"

跟进与协同，透明化滚动

这一过程中，项目团队遇到了很多变化。秉持着 OKR 的精神，大家保持着有方向指引的灵活性，进行了有效应对。例如，在多雨的特殊天气下，如果坚持推进建设进度会影响质量，为了更好地输出形象，团队在节奏上做出了调整；在"开村仪式"的时间点选择上，团队充分考虑了准备工作的扎实度并进行了调整；但总体方向没有改变。项目负责人通过"两会一志"，使整个项目组快速协同，紧锣密鼓地打出了自己的节奏。

农业乡村公司总经理陈科分享道："通过运营周例会，我们把各个部门的每周工作进行了拉通。运营工作涉及市场、招商、办公室、财务等，跨部门成员每周一上午九点开一到一个半小时的周会，把很多工作信息拉通，对一周的工作进行部署安排。另外，围绕专项工作，我们也有专项会议去推进。会议之后都会形成纪要，把一周的工作清晰列出来，周五再来检查执行情况以及未执行到位的原因，这样进行滚动追踪。另外，我还要求全员写周志，当然我们只要求列出简单的 1234 即可。每次的周志我们都会公开点评，大家都可以了解情况。"

深蹲，为了更高地跃起

在应用 OKR 半年以来，项目已经取得了第一阶段的亮眼成绩。不仅基本形象已建设完成，乡创中心、种苗工厂和农场也逐步投入运营。一期成果获得了集团董事长的肯定，还得到了政府领导、村集体及其他集团内部领导的一致好评，大家都对项目建设的速度和效果竖起了大拇指。

农业乡村公司总经理陈科表示："对照我们的项目目标，项目团队边规划、边设计、边建设、边招商，在建设进度和质量、招商进度、团队成长以及政企村协同机制这四个方面，达到了总体预期。尤其在当前的经济环境下，在位置较偏的农村进行招商隆市，招商进度还是比较顺利的，一些亮点项目已经或即将落地。"

集团战略发展部总经理滕飞认为："从集团未来整体战略蓝图来看，农业板块的位置很高，我们提出了农业整合的战略方向。基于传统的四大板块，该项目相当于我们的第五板块，我们希望把它做大、做强、做出效益来。基于集团定位，这个新项目团队无论是在影响力还是认同度方面，都达到了前所未有的高度。"

同时，大家也看到了可进一步提升的空间。经过实战，大家对整个项目的使命有了更深刻的认知。

从集团视角来看，这个团队的使命是要从一个项目变成一个产业。从这个层面来看，就是组织能力升级的问题。总经理陈科也认为，是时候沉淀出一套自己的管理机制，将 OKR 持续推进下去，而不再像试点阶段那样依赖个人来推动。

总经理陈科、集团战略发展部总经理滕飞及传化科技城组织与人力资源总经理平改云女士对 OKR 的价值及应用心得进行了反思。大家一致认为，OKR 对创新性业务的目标引领感、对团队智慧的激活以及对共同把目标想清楚的过程，具有非常高的价值！大家也发现了 OKR 应用中出现的问题，如变化中目标更新不及时、受原有管理体系影响缺少区隔化、尚未形成系统机制等。

在应用 OKR 支持团队持续成功的过程中，大家得出了以下结论：定期共创有助于加深对战略意图的理解，并且在定期拉通、动态总结并校准 OKR 效果、完善政策机制配套、实施区隔化管理、优化激励体系、开展阶段性复盘等方面都有着非常重要的指导意义。

相信浦阳项目团队会在持续的 OKR 实践中快速成长，实现梦想，收获了不起的成果！

7.3.2 整理个人发展的 MOKR 目标

以上，我已对如何成为激发式领导者提供了指引。接下来，你可以尝试运用 MOKR 的思考框架，整理出你个人发展的 MOKR 目标。

作为团队领导者，你找到自己的 M（使命或初心）了吗？你期待成为谁？希望为公司带来哪些价值？为团队带来什么样的改变呢？在更大的外部系统内，作为一名团队领导者，你又产生了哪些更大的影响，创造了什么样的价值呢？

基于此，作为团队领导者，最令你向往的阶段性发展方向（O）是什么？阶段性的成功画面是什么样的？接下来，如何锁定你的关键成果（KRs）呢？你可以通过整理本书阅读过程中的记录，快速聚焦突破点。

如果你在过程中，对本节练习和行动计划进行了认真思考，并对照当前情况进行了记录，那么现在是时候去划重点了。看看哪些绊脚石是你绕不过去的关键障碍？哪些情况的改变能够最大程度地撬动你的目标达成？现在，快去锁定你的关键成果吧！

为了方便理解，让我来举个例子。

M：引导团队的氛围，创建自主运转的团队机制，最大程度地激发每位成员的潜能和团队的效能。

O：年底前，养成激发式领导者的 CFR 习惯。

KR1：在每次创建季度目标的过程中，合理运用 CFR 方法，使团队成员主动承担的比率提升至 90%。

KR2：在团队会议中运用多元化的精神激励方法，提升团队成员的动力。截至 6 月底，团队成员可以自主运转团队会议，并自主决策。

KR3：积极与每位成员进行个人发展面谈，并给予针对性的支持。截至年中，至少三位团队成员可以独立开展项目。

通过本章学习，我们了解了如何向激发式领导者进化。如果你已经踏上了个人的进化之路，那么 OKR 的每个环节对你而言都是绝佳的实践机会，你可以时时翻阅每个章节的操作指引，身体力行地接近个人进化的目标！如果你在寻求更加有力的支持，欢迎进入第 8 章，了解如何借助全周期 OKR 教练的帮助，将 OKR 玩出成果！

本节练习

请写下你的个人发展的 MOKR 目标，开启成为激发式领导者之路。

M:_____

O:_____

KR1:_____

KR2:_____

KR3:_____

KR4:_____

行动计划

基于个人发展的 MOKR 目标，你打算如何开始行动?

我打算_____。

开始时间:_____，结束时间:_____。

产出成果:_____。

需要谁提供哪些协助:_____。

第 8 章

借助全周期 OKR 教练，推进 OKR 有效落地

道者，圣人行之，愚者佩之。

——《素问》

▶ 章首故事：从新手小白到赢得金牌

一个 10 岁小女孩被送进武术班。由于基础弱，她只能跟在队尾练习，从来得不到武术指导的关注。女孩感到很沮丧，慢慢变得消极对待训练。

但女孩的父亲坚信她的潜力，每个清晨、周末他都会带她单独训练，不厌其烦地为她做正确示范，并进行动作反馈。他还跟女孩聊天，激起她对金牌的向往。女孩果然进步飞快，从武术队的队尾提升到了前排，也开始得到武术指导的关注。

训练场中心有一块醒目的红地毯，武术指导会花大量时间在红地毯上单独辅导种子选手的套路动作，而那是女孩无法享受的特权。父亲看在眼里，便决定让女孩学会自己照镜子。他告诉女孩："训练场角落有面大落地镜，你去把它当作老师，就会每天都有进步。"

女孩对着镜子日复一日地练习，留心观察、自我调整，逐渐形成了一套属于自己的反馈回路。在回家路上，父女俩还会对当天的训练再复盘，便于第二天的调整。就这样，女孩在进步的路上狂奔。几个月后的一天，她忽然从镜子里看到了身后注视着她的武术指导……女孩的潜力终于被看见，她拥有了红地毯的专属指导时间。半年后，女孩一举摘得了省少年业余武术比赛的金牌！

正如你所料，这个女孩就是镜子教练。少时从初学者到一年内摘得金牌的经历对我而言意义重大，它让我真实地体验到真正的教练如何让改变发生。在我踏上 OKR 教练这段旅程时，这片记忆深海便被唤醒。每当我遇见抱怨公司文化的员工和抱怨团队能力的管理者时，就仿佛看见了当年在浑浑噩噩中煎熬的自己和对我视而不见的武术指导。幸好有父亲这个外部教练打破了僵局，点亮我的自信，让改变从此发生。

处于 OKR 变革中的团队，同样需要一位深信他们潜能的教练，从外部来打破僵局，帮助他们在"照镜子"中建立起自主的运转机制！让团队领导者看见改变并相信成长必然会发生！外部 OKR 教练会像父亲扭转我的处境那样，巧妙地从外部扭转局势，帮助团队走上全新的进化之路。这也是生命对我的召唤！

8.1　什么是全周期 OKR 教练

让我们先来理解下什么是教练、什么是 OKR 教练以及盛行硅谷的全周期 OKR 教练。

8.1.1　教练

首先，教练与顾问和讲师的角色完全不同，表 8-1 展示了国际教练联合会

（International Coach Federation，ICF）对教练和团队教练的定义。

表 8-1 ICF 对教练及团队教练的定义

教练的定义	团队教练的定义
教练是客户的伙伴，通过发人深省和富有想象力（创造性）的对话过程，最大限度地激发客户自身寻求解决办法和对策的能力，帮助他们成为生活和事业上的赢家	教练在一个团队共同创造和反思的过程中，激励团队成员最大限度地发挥他们的能力和潜力，以达到团队的共同目标

美国硅谷最著名的企业教练之一无疑是比尔·坎贝尔。尽管他不是科技领域的专家，但他却辅佐了整个硅谷，深受乔布斯、贝佐斯、拉里·佩奇等一众顶级企业家的爱戴。在坎贝尔的教练生涯中，我们可以看到一位卓越教练最重要的素质——无私的爱心与更完整的视角。

8.1.2 OKR 教练

OKR 教练的角色就是运用团队教练的方法，支持团队实现 OKR 的有效落地和成果的最大化。OKR 教练不仅需要拥有无私的爱心和最大程度的支持，还要拥有对战略、组织及人心的深刻理解，以及对达成 OKR 成果的透彻体悟。

所谓"见道者，一缕藕丝牵大象；盲修者，千钧铁棒打苍蝇"。在 OKR 落地过程中，我们若想真正做到激活团队和有效的战略执行，就要借助 OKR 教练丰富的 OKR 变革经验、宏观视角与无私的付出，否则可能事倍功半，甚至徒劳无功。

8.1.3 全周期 OKR 教练（盛行硅谷的实践方法）

小马："公司开始导入 OKR 时，效果很好，取得的成果也不少，但很快就没人提起 OKR 了，大家又回到 KPI 式的管理。这是为什么呢？"

镜子教练："你是说，你们只是创建了 OKR 目标，但日常管理中却没有践行 OKR 的方法？"

小马："是的。OKR 很简单，我们请教练导入后，就由大家自己去做了，结果就变成这样了！"

你也遇到过这种情况吗？OKR 开局完美却结束得悄无声息？问题的关键在哪里呢？就在于大家选择的是一次性借助教练的帮助，而不是进行全周期的OKR 落地辅导。

一次性 OKR 工作坊虽然成果也很丰厚，但缺少落地过程中不断地纠偏与赋能，团队践行 OKR 的效果和动力都很难持续。这就像刚学会踩油门的人便独自上高速，风险是很大的。

OKR 实践者、传化集团战略发展部总经理滕飞表示："我认为在推行 OKR 的时候，需要总结效果并动态调整。大家看到效果才会继续推行下去，我觉得这点非常重要。"

而全周期 OKR 教练，会在整个 OKR 周期内的关键节点，为团队实战提供持续的辅导。这种轻而有效的方式在硅谷十分盛行。全周期 OKR 教练辅导团队在每个业务的关键场景都收获了成果，帮助团队快速且稳健地踏上进化之路。

如表 8-2 所示，如果回归导入 OKR 的初心，我们要实现激活团队的战略执行，就需要站在企业经营者的视角，基于战略思维和业务思维，让 OKR 真正支持业务的突破与战略达成。同时，在实践中帮助团队跨越从知道到做到之间的距离，实现团队的进化。而这正是全周期 OKR 教练所发挥的作用。

表 8-2　一次性 OKR 工作坊与全周期 OKR 落地对比表

	一次性 OKR 工作坊	全周期 OKR 落地
收获什么	战略路径、高度共识的团队目标、团队信心与凝聚力	持续的团队动力与激情、业务成果与业务突破完美融合的 OKR 机制落地、团队的认知升级、领导者的内在成长
做什么	了解知识、共创目标	完成整个 OKR 循环的每一步，并在实战中将 OKR 与业务节奏相融合，在知行合一中融会贯通，持续支持业务突破与团队进化
思维方式	HR 思维、绩效思维	经营者思维、战略思维、业务思维

8.1.4　田十精材：全周期 OKR 辅导支持创业团队的成长

一大清早，徐总发来微信，跟我分享他坚持实践 OKR 的心得："镜子教练，我觉得自我认知真的太重要了！坚持做 OKR 后我就发现，必须要去激发团队！"作为田十精材的创始人，又是曾留学美国的化学博士，徐嘉鹏先生拥有耀眼的职场履历。现在，他正带领创业团队在半导体新材料领域探索一条创新的国产替代之路。

回想与这个团队的初识，成员们的创业激情历历在目。当时田十初代半导体导电银胶产品急于打开市场，大家憧憬着但又忐忑不安。而我隐约感觉到一种无形的阻力，正拖住大家前进的步伐。这种力量在 OKR 落地过程中被真实地暴露。

8.1.4.1　到不了火星，起码我们可以抵达月球

在目标共创中，最令团队兴奋的是终于明晰了产品的愿景和使命。我们要去哪里，以及将经过怎样的路程？我们如何支持客户的产品，使其走进千家万户的美好生活？随着这些问题逐渐清晰，意义感的电流击中了每个人，推动着

大家共创产品策略。

紧接着，在目标落地的过程中，两种不同声音冒了出来——我们要冲刺如此有挑战的市场目标吗？还是应该保守一些，量力而行？一旦完不成，是不是代表失败？会不会有惩罚？我可不想尝到那种自责的滋味……创始人也很纠结，虽然内心的方向很坚定，但毕竟背负着团队的信任重压。此刻，每个人的内心都经受着最真实的考验。

于是镜子教练按下了暂停键，与两位创始人进行了一场关键的闭门对话。在那里，徐总听到了自己内心最强烈的声音，并毅然做出了忠于内心的选择——去赢得市场的检验。这一选择得到了另一位创始人的坚定支持。当徐总眼含热泪地跟大家分享这一重大决定的理由时，每个人都被深深打动，我能够听到他们内心追随的声音，那是徐总展现真正领导力的一刻。

不过，如果完不成怎么办呢？团队成员有些担心。如何消除大家的顾虑呢？"即使到不了火星，起码我们可以抵达月球。"徐总和我一起向团队解释，"我们不是用挑战的指标来考核大家，而是为了向挑战性目标进发，在过程中我们相信能够实现一系列实质性的突破，并收获更具价值的成果。这些是我们真正想要的，也是真正值得被奖励的！"

清除了团队内心的障碍后，大家一起共创了非常高质量的团队 OKR。这组目标得到了全体成员的拥护，大家开始众志成城地朝着目标进发了。

8.1.4.2　卡住这么久的问题，竟然自己解决了

如同小马过河，创业团队每一步的艰难只有自己可以体会。其中，协同难题给大家带来了最大的困扰。"追踪很重要，千万不能等到最后大家才发现行不通，那样对团队的打击会是致命的！"徐总由衷地说道，"对！有什么问题，过

程中就要及时暴露、及时解决。"

于是，镜子教练结合这个团队的业务，量身定制了一套 OKR 周会模板，并要求每位成员于会前输入信息。在周会中，镜子教练引导大家对目标的信心指数展开讨论，并快速同步进展。随后，大家进入计划协同环节，在共享文档中快速对他人的计划给出包含澄清与协作需求的回复。紧接着是集中讨论，跨部门间开始了进一步地澄清和沟通，进一步地聚焦问题，最终得出可行的解决方案与协作方式。一个小时的周会，大家高效地锁定了本周的重点，每个人也都清楚了自己要与谁协同、如何协同。会议结束后，另一位创始人赵碧霞女士看着手机里的协同痕迹，感到不可思议："卡住这么久的问题，竟然就这样自己解决了！"

当然，问题的解决并没有看上去那么简单。会议中也有人不知该如何推进。负责量产和新产品研发的团队成员都提出需要支援，他们是接下来的业务承压点，而此刻面对新任务的他们还没有找到清晰的思路。两人快速敲定了镜子教练的一对一辅导时间。在辅导中，镜子教练引导他们理清了需要聚焦的关键问题，并引导他们调用各自丰富的专业经验，梳理出业务开展的清晰思路。更重要的是，他们从"太难了""我做不到"的内在声音中走了出来，看到了自己完全可以！对关键人员的内在赋能，是对团队持续的良好表现的有效支持。这位研发经理在之后的工作中，对 OKR 思维的应用十分卓越。

8.1.4.3　什么才是当下最值得关注的

经过第一个双月周期的实战，团队收获了一定的成绩，大家在 OKR 复盘环节中进一步沉淀。未来面对某类任务、某种情境、某些困境时，我们应该分别怎样做？成员们总结出很多心得。

经过了前两个阶段的实战，我们对行业产生了哪些新的认知呢？接下来，我们真正应聚焦的重点又是什么呢？一个潜在问题浮出水面——测试的可适性与稳定性！初出茅庐的小马要与国外巨头抗衡，并适应国外巨头定下的标准，这是团队正在面临的一个不容忽视的考验。如果在测试结果不稳定的情况下，一味冲刺销售目标的快速达成，可能会给团队带来伤害。于是，团队回归初心，重新调整了下一步的节奏。将销售目标作为延展性的目标，适当拉长了时间线，同时将测试稳定性锁定为下一个阶段重点攻克的桥头堡。

事实证明，这个调整非常明智且及时，为团队接下来的成功奠定了基础。截至 2023 年春节前，田十团队不仅赢得了投资机构的认可，还收获了行业内的赞誉与奖项，客户订单也接踵而至。

8.1.4.4　鼓舞人心，持续成长

更可喜的是，徐总和赵总掌握了 OKR 激励人心、激励成果的精髓，抓住一切共庆成果的机会。无论是阶段性的团队成果，还是各种意外收获的惊喜，他们都会做足仪式感，在过程中不断鼓舞团队的信心。

如今，距离辅导田十团队的全周期 OKR 落地已一年有余。这期间，田十精材高分通过了国家的高新技术企业认定，客户订单稳步增长，团队也搬进了新的办公楼，并锁定了头部客户。在这一年多的持续实践中，徐总个人的内在成长也是肉眼可见的。他感慨道："我觉得认清自己是非常重要的一课。认清自己并不容易，因为自己也会随着时间改变。但只有坚持自己内心最真实的想法，才能做好、做深、做久。"

2023 年年底，在持续的实战反思中，这个团队更清晰地看见了客户的关切，主动向行业上游迁移，以满足重量级头部客户的痛点需求。田十团队一年前的豪言壮语一步步如愿达成！

镜子教练提醒： 找到一位好的 OKR 教练，是团队成长路上至关重要的转折点。优秀的 OKR 教练会让你的团队像明星球队一样突飞猛进，在团队的"职业生涯"中取得更加辉煌的成绩。

8.2　如何用好全周期 OKR 教练

8.2.1　全周期 OKR 教练会做什么

全周期 OKR 教练会做什么呢？如图 8-1 所示，在陪伴团队的两个完整 OKR 周期内[1]，教练将深入参与每个关键环节，包括 OKR 目标共创、团队 OKR 会议、团队 OKR 复盘和激励机制的优化。教练帮助团队将 OKR 机制融入业务，支持团队取得突破性的业务成果。这种赋能方法陪伴时间更长、投入成本较低、落地效果好以及投入产出比特别高。

企业需要在多长时间内接受教练的辅导呢？经过对全球大量教练实践经验的观察，本·拉莫尔特认为，这个过程至少要经过两个完整的周期，团队才能够真正掌握 OKR 这套方法。也就是说，如果你们的 OKR 周期是以季度为单位，那么至少需要 OKR 教练陪伴团队走完两个完整的季度。在两个 OKR 周期中，OKR 教练会根据团队在实战中遇到的具体问题提供辅导。通过这样的实战，团队将由教练带着跑逐渐变成自己试着跑，最后实现独立奔跑，并展现内在的团队智慧，真正把 OKR 精神和应用的方法融入血液中。两个周期之后，团队就可以灵活自如地运用 OKR 应对遇到的大部分挑战了。

---

[1]　本·拉莫尔特在《OKR 教练实战手册》一书中详细介绍了全周期 OKR 教练服务的内容，此处进行了引用。

OKR 变革本身是一次从认知到自证的完整过程，唯有通过实战才能将知识转化为智慧！如果你依然铭记引入 OKR 的初心，真正期待迎来团队的激情、业务的突破、管理的升级、团队的成长，借助全周期 OKR 教练的辅导，恐怕是最快捷且划算的路径了。

月	1	第一周期产出 OKR落地方法、当期目标 及业务成果、下阶段目标			第二周期产出 巩固 OKR 方法的应用， 本阶段的目标与业务成果； 推广范围的应用建议			
月	1	2	3	4	5	6	7	8
第一阶段：诊断与系统设计	团队1				团队2			团队2
第二阶段：导入培训		团队1			团队2			
第三阶段：全周期辅导								
步骤1：制定与对齐		团队1			团队1	团队2		团队2
步骤2：监控与跟踪			团队1			团队1	团队2	
步骤3：复盘与刷新				团队1			团队1	团队2

图 8-1 全周期 OKR 教练的辅导内容

8.2.2 如何与全周期 OKR 教练打配合

8.2.2.1 OKR 落地中的各种角色

OKR 的成功落地需要内外多方力量的协同，其中既包含一把手的坚定支持、各层团队领导者的亲身实践，也离不开 HR 负责人合理的组织及外部全周期 OKR 教练的用心辅导。

小马："这么多人参与！大家要如何扮演好各自的角色呢？"

镜子教练："在 OKR 项目中，企业第一负责人需要承担起 OKR 项目的发起人与总指挥官的职责，为项目指明方向；团队领导者则要充当推行 OKR 的主力军，在实战中激活团队、赢得战果；而 HR 负责人需要扮演 OKR 项目的司令员，基于战略意图进行整体规划和组织协调；与此同时，外部的全周期 OKR 教练，则要站在内外临界点，充当高举火把的点亮者，照亮团队的进化之路。"

为方便大家更好地协同，我将各角色分工与配合要点列出，供你参考，如表 8-3 所示。

表 8-3　OKR 项目中的角色分工与配合要点清单

各方力量	扮演角色	主要职责	配合要点
企业第一负责人	OKR 发起人和总指挥官	作为企业的掌舵人，第一负责人需要把握好方向盘，明确团队未来要去往何方，并传达至每位成员的内心	需要与 OKR 教练做好提前沟通，确保 OKR 与公司方向的一致性，并确认其落地方法符合公司现状，能够帮助解决团队面临的问题
各层团队领导者	推行 OKR 的主力军	献计献策、参与制定公司战略蓝图；带领团队群策群力地进行有效落地，持续取得真实业务成果；用心感悟，完成自身进化，撬动团队进化	核心领导者需要掌握统一的 OKR 语言，并在教练的辅导下，带领团队取得实战成果；以正确的方式激发团队、开展好每一步的 OKR 落地，使团队真正做到有效的"聚焦、协同、追踪、拉伸"
HR 负责人	OKR 项目的司令员	站在经营者的高度理解 OKR 项目的意义，并从全局出发思考 OKR 的持续落地方案	确认 OKR 教练提供的辅导方案，并按每个时间节点开展落地，而不是仅仅把 OKR 作为一次性的任务来完成
外部的全周期 OKR 教练	充当高举火把的点亮者	与经营者站在一起，确定一致的成果导向；在实战中不断充当团队的镜子，娴熟地运用外部视角帮助团队打破局限、照亮盲点，实现快速突破	在前期诊断阶段，OKR 教练与第一负责人进行深度沟通至关重要；根据客户的真实需求设计高度定制的解决方案及每一步的落地方法，支持团队在 OKR 实践中获得内在成长

小马："通常 OKR 项目都由 HR 来主持，对他们而言，有什么需要注意的呢？"

镜子教练："HR 需要在项目整体设计上与 OKR 教练打好配合，发挥自己的作用。把实践项目的主动权交给业务团队，及时提供内外部的支持，并尽快完善机制，在制度流程上减少束缚，支持业务团队轻装上阵，玩出成果！"

8.2.2.2　OKR 教练如何发挥作用

小马："请问 OKR 教练是如何在过程中发挥作用的呢？HR 又如何与之配合呢？"

镜子教练："在 OKR 落地过程中，卓越的 OKR 教练能够发挥顾问、讲师与教练三位一体的作用。他们既能从团队面临的关键挑战及整个系统中，快速诊断出最优的落地方法，最大程度地支持团队的业务达成；又能切中本质地帮助团队快速理解 OKR 的精髓；还能在过程中提供有力的教练支持，引导团队快速实现有效的 OKR 落地。让我们借由案例来加深理解。"

蔷薇灵动是国内网络安全领域微隔离技术的龙头企业，为企业客户提供蜂巢自适应微隔离安全平台服务，客户遍布金融、军工、能源、运营商等领域。2022 年 1 月，蔷薇灵动入选 2022 年北京市首批"专精特新"中小企业名单；同年 3 月入选 CSA（云安全联盟大中华区）"2021 数字化转型安全支撑案例 TOP10"；同年 6 月入选首批《云原生产品目录》……

看到蔷薇灵动一路取得的新成果，镜子教练感到非常开心。2021 年年初，镜子教练陪伴蔷薇灵动的核心团队完成了发展关键期的重要梳理。在这个过程中，镜子教练不停地切换顾问、讲师与教练的角色，支持团队未来的战略成果最大化。

- 当教练戴上顾问的帽子

"我们最大的挑战就是如何提升管理效率!"创始人严雷在视频会议中对镜子教练说。未来几年,国内数据安全领域市场即将爆发式增长,而蔷薇灵动占据了数据安全微隔离的技术高地,团队接项目接到手软。如何带领团队高效完成工作,似乎成为当下要解决的关键问题。

然而,这并不是真相的全部。在从 10 到 100 的快速增长阶段,团队依靠以往的人海战术能够占领指数级增长的市场吗?有没有全新的共同策略呢?团队协同的基础是什么呢?镜子教练戴上了顾问的帽子,指出企业在当下阶段面临的关键挑战,并与严总就辅导内容达成了共识。目标建立在战略背景的前提下,我们需要搭建起战略路径的梯子,再落到共同目标上。

- 当教练戴上讲师的帽子

在辅导的开始部分,镜子教练戴上了讲师的帽子,帮助大家从战略意义角度理解什么是 OKR,什么是真正的成果。

- 一直戴着教练的帽子

镜子教练戴回教练的帽子,引导大家看见共同梦想,看见我们正在开启一段与以往全然不同的道路。于是,成员们带着新的认知与向往,开启了两天一晚的共创。在 OKR 评议阶段,成员们陷入了激烈的辩论,因为新的共同策略让很多从未想到过的重点浮现出来。经过争论之后的共识更让所有人露出灿烂的笑容。研发、市场、销售等部门已经准备好协同作战,去攻克一个个重点关注的市场。有效的策略和共同的聚焦,使团队实现了真正意义上的效率提高。

在之后的日子里，镜子教练不断收到蔷薇灵动团队传来的好消息。他们与一个又一个大型产业园建立合作，助力一家又一家头部客户完成数字化升级。我们共同的成果变为了现实！

8.2.2.3 HR 与 OKR 教练配合的关键

你发现了吗？OKR 落地的前中后期，团队要关注的重点是不同的，OKR 教练起到的作用也有所不同。其中特别关键的就是前期诊断，此时 OKR 教练与第一负责人的深度沟通至关重要，这将决定教练所设计的解决方案与客户真实需求的匹配度。作为一把手工程，在我们不了解一把手的战略意图前，就贸然开展 OKR 是十分冒险的。为此，HR 负责人需要与 OKR 教练打好配合，尽快促成 OKR 教练与第一负责人之间的深度共识，并在整个项目中与他们密切合作。

表 8-4 列举了 OKR 落地各阶段中，HR 与 OKR 教练配合的关键，供你参考。

表 8-4 HR 与 OKR 教练配合关键清单

阶段重点	各阶段配合要点	切忌
前期 促对话	HR 在 OKR 落地前，需要尽快促成 OKR 教练与第一负责人之间的共识，也就是要尽快安排 OKR 教练与第一负责人进行对话，促成 OKR 教练基于成果导向原则对组织现状进行诊断，并定制适配的 OKR 解决方案，与第一负责人达成共识	在不了解第一负责人的真实意图之前，贸然开展 OKR
中期 促成果	依据整体设计，让 OKR 教练参与团队目标落地的每一步，通过教练辅导赋能团队解决每个环节中面临的真实问题，促进团队的内在成长；借助 OKR 教练的辅导，根据战略重点，积极优化激励机制，灵活运用多种手段促进成果导向的激励	"HR 唱戏、团队配合，OKR 就是重复填表格"的做法，将会极大削弱团队自主权与主动性，令团队丧失积极推进目标的动力；说一套做一套，用考核指标限制团队的创新
后期 促进化	不断优化对话、反馈、认可机制；不断检视并优化内部流程；为领导者配备及时的一对一辅导，促进领导者的进化	流于形式，忽略领导力与团队文化的进化

以上，我们已完成了第 8 章的学习，了解了如何借助全周期 OKR 教练的帮助，实现 OKR 目标并取得成果，加速团队的进化。接下来，请结合自己团队的实际情况来进行梳理。

本节练习

你可以基于以下四个问题，梳理落地 OKR 的思路。

Q1：你理解第一负责人对公司未来方向的构想是什么？他期待 OKR 带来什么样的改变？

Q2：你的团队是如何落地 OKR 的？完成了 OKR 周期的哪几个环节？这些行动对业务成果的支持效果如何？

Q3：在 OKR 落地中，你得到了哪些帮助？又遇到了哪些阻碍？

Q4：你期待从 OKR 教练处得到什么样的帮助？你打算如何发挥出 OKR 教练应有的作用呢？

行动计划

基于对以上问题的梳理，你打算如何开始行动？

我打算＿＿＿＿＿＿＿＿＿＿＿＿＿＿＿＿＿＿＿＿＿＿＿＿＿＿＿＿＿＿＿。

开始时间：＿＿＿＿＿＿＿＿＿＿＿＿，结束时间：＿＿＿＿＿＿＿＿＿＿＿＿。

产出成果：＿＿＿＿＿＿＿＿＿＿＿＿＿＿＿＿＿＿＿＿＿＿＿＿＿＿＿＿＿。

需要谁提供哪些协助：＿＿＿＿＿＿＿＿＿＿＿＿＿＿＿＿＿＿＿＿＿＿＿。

我的 OKR 教练经历

以心入道，是为原点

OKR 于我而言不仅是一个专业名词，更凝聚了我多个时段的心路历程。

我年少时的第一篇议论文探讨了当时某些企业观念的陈旧问题。当时，母亲为启发我，讲述了她对旧机制的无奈，我在心中与她深深共情了。

工作后，我在闻名全球的通用电气公司从事 HR 工作。我曾为公司的 KPI 体系自豪，认为这是非常科学的绩效管理方法。直到加入快速发展的优酷网，我才发现在快者为王的互联网公司，KPI 竟然会束缚同事们的手脚。我开始从创始人那里了解到硅谷的先锋做法，并开始尝试，以使绩效管理更加灵活敏捷，释放出研发同事的活力。我还辅以多种团队文化活动，在公司赴美上市及并购土豆公司阶段，不断凝聚团队、激发活力。我发现，去掉了枷锁束缚，去除了内心的阻碍后，员工活力的释放是肉眼可见的，而业务推进的速度也令人惊讶。由此，我从对 HR 的专业关注转变为对人心的关注，**我认识到一个基本原则：人的创造力远高于形式上的绩效！**

2013 年，我带着将互联网思维与传统实业相结合的心愿加入汤臣倍健。汤臣倍健是国内膳食营养的龙头企业。在移动互联网时代，公司正向着"营养品联合国"的愿景再度出发，面临重大战略转型的挑战。董事长对团队转变抱以迫切期待，但团队在过往经验的束缚下，不愿主动思考、不敢改变。此时，OKR 为我打开了新世界的大门。我将它包装为"去 KPI 化"变革，目的很明确：解开人身上的枷锁，去除人内心的障碍。我认为，**战略、绩效、组织、业务和流程，这一切因素的交互关键，始终在于人心，唯有从人心出发，才能迅速抵达目的地**。终于，年轻的员工开始更多地被看见，团队活力大爆发，战略落地成果一步步实现，最终公司利润获得 5.28 倍指数级增长，OKR 变革效果得到了有力验证。这段经历也验证了**另一个关键原则：心乃万法之根、万力之源，整个系统的中心全在于人心**！

在亲眼见证了 OKR 对人心激发以及对战略落地的神奇效果后，2018 年，我转型为管理咨询顾问，希望帮助更多本土企业进行管理升级。这条全新的 OKR 赋能之路该如何走下去？我在国际教练大师玛丽莲·阿特金森博士的著作《你想玩世界游戏吗？》中得到启发，并锚定了**自己的新使命：致力于提供高度定制化的 OKR 一站式解决方案与教练辅导，帮助本土企业实现有效的战略落地，促进他们的管理升级，助力民族企业崛起，促进一代职场人美好生命的绽放**！

机缘巧合，我参加了玛丽莲大师的国际教练式培训师训练营，并进一步完善了发自初心的产品原型。更奇妙的是，我竟在睡梦中描绘出了几个关键模型，并逐渐优化整合……

精进整合，不离初心

在 OKR 教练之路上，我不断锁定每个阶段的方向性目标与关键撬动点。为了达成使命之路上的一个又一个清晰的中期和短期目标，我加速提升多种技能，不断精进教练技术、引导技术、战略知识、绩效改进和内心修炼等，并将其整合进我的 OKR 落地方法论中，以撬动客户企业的整体升级。我对课程产品进行了疯狂迭代测试，仅 2020 年就多达三十余次。后来，我又在与不同企业的落地验证中，在客户和学员们的交流反馈中不断迭代优化，促使 OKR 落地的有效性达到超越期待的表现。**于我而言，OKR 教练之路本身，便是践行 OKR 的旅程，坚持时刻不离本心，方知道路即为山顶！**

美好作品，慢即是快

我服务的客户企业来自多种行业，处于不同发展阶段。**雷诺丽特**，材料制造业全球隐形冠军企业，率先应对全球环保政策下的紧迫转型；**传化集团**，年收入过千亿元的本土集团，多元化的"优等生"，以内部孵化的创新项目拥抱产业转型新机会，形成全新的集团融合优势；**蔷薇灵动**，数据安全领域的"专精特新"公司，遇到了市场爆发式增长的关键挑战；**某品牌特卖的龙头互联网公司**，面临着互联网增长红利见顶的困境，处于向运营要效益的转型阶段；**某知名股份制银行**，面临着集团战略转型的关键挑战，处于客户结构化调整的重要阶段；**田十精材**，正在探索半导体材料国产替代的全新领域，处于聚焦产品价值和快速打开市场的关键阶段……

在不断的实践验证中，我发现每个企业的现状与内部系统都千差万别。而要坚持自己的初心，实现有效的 OKR 落地，并促进企业的管理升级，就必须深入企业进行高度定制。虽然这意味着不同寻常的高投入、高难度，但与客户收到的成果相比，付出绝对值得！

例如，传化集团的科创园和乡村振兴两个项目，都是在探索全新的领域，没有可供参考的先例。为帮助团队更好地解题，用 OKR 撬动我们共同的成果，我投入了加倍的精力，进行了深入的行业及交叉行业的研究，覆盖全球范围内关联领域的企业实践，最终支持团队收获令人惊喜的成果，也获得了客户远超期待的赞许。

"但深度定制投入精力太多不划算啊！""做标准化课程多省力？""OKR 导入后能坚持跑下去就不错了，员工什么反应不是很重要。"我收到了很多这样的善意提醒，但如果回归做 OKR 的初心，**"业务成果与激活团队"的效果是我与企业共同的追求。深度定制是必须坚持的"难而正确"的事，也是 OKR 教练所应贡献的价值！**

教练不同于商人，为了呈现出更加美好的作品，我愿意走得慢一点。也许这样，心的抵达才会更快。

放大成果，诚邀共创

当然，仅凭一己之力，成果毕竟有限。为将 OKR 落地方法论的成果最大化，我特别关注三个方面。

第一，对"专精特新"公司，我提供了特别的帮扶。"专精特新"企业的崛起令人期待，它们的快速成长将为各领域开拓更大的可能性。

第二，扩展到更多行业，写一本诚意满满的书，成为我扩大成果的必备动作。我希望对于在线下接触范围之外以及暂时无力聘请教练的企业，有效落地 OKR 的方法也能成为它们的及时雨。

第三，我希望影响更多团队领导者，并通过这些中流砥柱撬动更多团队的管理进化与梦想实现，让更多职场人活出本来的样子！相信我的读者与学员都有感受。

非常感恩十余年来，本土出现的众多 OKR 传播者与实践者。众多同行者们的积极分享与不懈探索，共同创造着本土 OKR 应用的智慧。在本书的撰写过程中，我得到了很多企业高管、HR 管理者的支持与帮助，非常感恩！

在 OKR 应用探索的早期，我遇见中山大学管理学院副院长秦昕教授，他为我最初的实践总结提供了框架性的指导，同时秦教授对真理的至诚追寻与独具创新的精神，有力地鼓舞了我。在传播与持续探索 OKR 应用的路上，我还遇见了谷歌前中国区域高管叶桥春先生，感谢他的帮助与分享。在大量辅导实践中，我遇到很多益友，传化集团战略发展部总经理滕飞先生、传化农业乡村公司总经理陈科先生的勇于尝试与大力支持，让我在这条路上走得更加坚定。蔷薇灵动创始人严雷先生，田十精材创始人徐嘉鹏先生与合伙人赵碧霞女士……各位在宏观战略层面与我深度探索不同阶段的具体挑战，为本书的创作增添了很多灵感！

传化集团陈涛总、蒋科总、陈科总、滕飞总、平改云女士，蔷薇灵动陈红女士，雷诺丽特总经理刘显明先生、人力行政副总姚东峰先生，田十精材 HR 陈晓玲女士，招商银行中山分行杨毛副行长、唐庆颖经理、唯品会 HR 团队的伙伴们……感谢各位在转型升级和创业创新中，以勇往直前的实践验证 OKR 的本土应用之法，并与我深度交流过程中的应用心得，使本书的创作更贴近本土团队的应用场景！

此外，在本书构思阶段，除了以上诸位提供的案例和建议，新安化工战略创新总经理李江先生、深信服绩效经理杨静雨女士、威富通 HR 高级经理陆小艳女士、小天才科技张倩科长，也一并参与了建议的提供与共创，使本书的内容更贴近读者们的真实关切，在此一并感谢！非常荣幸能邀请各位共同参与本次有趣的共创!

特别感恩埃里克森国际教练学院创始人玛丽莲老师,她提供了强大的教练支持体系,陪伴我度过了整个 OKR 教练探索与内在成长的旅程。同时,也要感谢埃里克森国际教练中心中国及亚太区董事总经理李耀兴教练,他以独特的教练方式与我跨时空同频共振,这份深刻的照见让我心存感激!感恩在埃里克森教练的场域中遇到的每一位师友,他们在一次次教练对话中赋予我温暖的能量,伴我前行!衷心感谢粤港澳大湾区产融资产管理有限公司董事长、中山大学管理学院客座教授杜慕群老师给予我的无私帮助。杜老师以他独特的产业与学术双重视角,为本书提供了宝贵建议。最后,感谢本书的责任编辑王铎霖老师和卓越的编辑团队,他们的专业工作为读者们带来了更加流畅的阅读体验。

未来,我希望诚邀更多企业界与教练界的伙伴加入持续的共创之中,一起探索本土 OKR 落地之路与本土管理升级之路。欢迎你将 OKR 应用中的心得与困惑,通过微信公众号"mirror 的镜观其变"或视频号"赵镜子聊 OKR"私信与我交流,镜子教练会定期进行公开分享。欢迎你通过邮箱:miluozhao@163.com 与我进一步联络。期待与你同行!

参考文献

［1］ 德鲁克.管理的实践［M］.齐若兰，译.北京：机械工业出版社，2018.

［2］ 德鲁克.卓有成效的管理者［M］.许是祥，译.北京：机械工业出版社，
2005.

［3］ 格鲁夫.格鲁夫给经理人的第一课［M］.巫宗融，译.北京：中信出版社，
2007.

［4］ 杜尔.这就是OKR：让谷歌、亚马逊实现爆炸性增长的工作法［M］.曹仰
锋，王永贵，译.北京：中信出版社，2018.

［5］ 尼文，拉莫尔特.OKR：源于英特尔和谷歌的目标管理利器［M］.况阳，译.
北京：机械工业出版社，2017.

［6］ 沃特克.OKR工作法：谷歌、领英等顶级公司的高绩效秘籍［M］.明道团
队，译.北京：中信出版社，2017.

［7］ 拉莫尔特.OKR教练实战手册［M］.李靖，译.北京：机械工业出版社，
2022.

［8］ 况阳.绩效使能：超越OKR［M］.北京：机械工业出版社，2019.

［9］ 里维斯，汉拿斯，辛哈.战略的本质［M］.王喆，韩阳，译.北京：中信出
版社，2016.

［10］ 明茨伯格，阿尔斯特兰德，兰佩尔.战略历程：穿越战略管理旷野的指南
（原书第2版）［M］.魏江，译.北京：机械工业出版社，2012.

［11］莱卢．重塑组织：进化型组织的创建之道［M］．进化组织研习社，译．北京：东方出版社，2017.

［12］萨瑟兰．敏捷革命［M］．蒋宗强，译．北京：中信出版社，2017.

［13］斯特尔曼，格林．学习敏捷：构建高效团队［M］．段志岩，郑思遥，译．北京：人民邮电出版社，2017.

［14］彭特兰．智慧社会：大数据与社会物理学［M］．汪小帆，汪容，译．杭州：浙江人民出版社，2015.

［15］梅多斯．系统之美：决策者的系统思考［M］．邱昭良，译．杭州：浙江人民出版社，2012.

［16］陈中．复盘：对过去的事情做思维演练［M］．北京：机械工业出版社，2013.

［17］邱昭良．复盘+：把经验转化为能力［M］．北京：机械工业出版社，2018.

［18］平克．驱动力［M］．龚怡屏，译．北京：中国财政经济出版社，2023.

［19］德西，弗拉斯特．内在动机：自主掌控人生的力量［M］．王正林，译．北京：机械工业出版社，2020.

［20］沙因．企业文化生存与变革指南［M］．马红宇，唐汉瑛，等译．杭州：浙江人民出版社，2017.

［21］施密特，罗森伯格，伊格尔．成就：优秀管理者成就自己，卓越管理者成就他人［M］．葛仲君，译．北京：中信出版社，2020.

［22］阿特金森．你想玩世界游戏吗？［M］．于燕华，马凯，译．北京：华夏出版社，2018.

［23］阿特金森，切尔斯．唤醒沉睡的天才：教练的内在动力［M］．古典，王岺卉，译．北京：华夏出版社，2019.

［24］阿特金森，切尔斯．被赋能的高效对话：教练对话流程实操［M］．杨兰，译．

北京：华夏出版社，2015.

［25］ 海特.象与骑象人［M］.李静瑶，译.北京：中国人民大学出版社，2008.

［26］ 麦考德.奈飞文化手册［M］.范珂，译.杭州：浙江教育出版社，2018.

［27］ 施密特，罗森伯格，伊格尔.重新定义公司：谷歌是如何运营的［M］.靳婷婷，译.北京：中信出版社，2019.

［28］ 苏萨鲁，奥卡.三脑教练：开启头脑、心脑、腹脑合一的巨大能量［M］.石蕊，译.北京：华夏出版社，2019.